Uno Sciamano Moderno Racconta

Depossessione Sciamanica

Una Pratica Compassionevole di Guarigione

Di Peter Salomone
con Robert Stephson

Traduzione Italiana di Marta Rizzuto
Revisione a cura di Rachele Giancaspro

Uno Sciamano Moderno Racconta
Depossessione Sciamanica
Una Pratica Compassionevole di Guarigione

Di Peter Salomone

Copyright © 2015 by Peter Salomone
4831 Woodsman Loop – Placerville, CA 95667
eagleshaman@sbcglobal.net

ISBN: 978-0-9907289-2-4 (Paperback)
ISBN: 978-0-9907289-3-1 (Kindle)

Ringrazio il Creatore per la mia vita e per la vita che ha dato a tutta la sua Creazione.

Offro questo libro in Onore dei miei Alleati, i miei Animali di Potere e gli Spiriti Guida.
Sono grato, con profonda reverenza e rispetto, per la loro guida, i loro poteri di guarigione, la loro saggezza condivisa con me e la loro continua amicizia.

Voglio anche ringraziare i miei Antenati, sulle cui spalle mi erigo, e la mia famiglia, per il loro supporto ed entusiastico incoraggiamento verso il mio lavoro sciamanico. Porgo I miei ringraziamenti anche a Robert Stephson, per la sua costante collaborazione durante la stesura di questo libro.

Infine sono grato a tutti i miei amici della comunità sciamanica ed a tutti i miei maestri della Realtà Ordinaria e Non Ordinaria.

Contenuti

Invocazione

Questa è una Preghiera dei Lakota Sioux, tradotta in inglese dal Grande Capo Indiano "Allodola Gialla" nel 1887.

Preghiera al Grande Spirito

"O Grande Spirito, la cui voce sento nel vento,
il cui respiro dà vita a tutto il mondo, ascoltami.
Ho bisogno della tua forza e della tua saggezza.
Lasciami camminare tra le cose belle
e fa' che i miei occhi ammirino il tramonto rosso e viola.
Fa' che le mie mani rispettino tutto ciò che hai creato
e che le mie orecchie siano affinate per sentire la tua voce.
Fammi saggio, così che io possa capire le cose che hai insegnato al mio popolo.
Aiutami a rimanere calmo e forte di fronte a tutto ciò che viene verso me.
Lascia che io impari le lezioni che hai nascosto in ogni foglia, in ogni roccia.
Aiutami a cercare pensieri puri e ad agire con l'intenzione di aiutare gli altri.
Aiutami a trovare la compassione senza essere travolto dall'empatia.

Cerco forza, non per essere superiore ai miei fratelli,
ma per essere pronto a combattere il mio più grande nemico:
me stesso, con tutte le mie paure e i miei dubbi.

Fa' che io sia sempre pronto a venire da Te,
con mani pulite e sguardo dritto, così che,
quando la vita svanisce, come la luce al tramonto,
il mio spirito possa venire da Te, senza vergogna."

Chiedo al Grande Spirito di fornire ai miei lettori saggezza e ricettività durante la lettura di questo libro.

Introduzione

Salve Caro Lettore,

Mi chiamo Peter Salomone ed ho scritto questo libro per contribuire a demistificare una pratica di guarigione spirituale, totalmente fraintesa, di straordinaria efficacia e di una tale importanza che la maggior parte delle persone neanche sospetterebbe. Mi riferisco alla de-possessione, che appartiene alla cosiddetta "igiene naturale" praticata da innumerevoli comunità in svariate culture di tutti i tempi. Questo libro si basa sulla mia vasta esperienza diretta nell'effettuare la de-possessione su molte persone comuni della nostra quotidianità come amici, familiari e vicini, le cui sofferenze sono nate da una causa insospettata e solitamente non riconosciuta.

Per iniziare, però, vorrei condividere qualcosa di me, e in che modo sono arrivato a praticare questa insolita arte di guarigione. Vorrei anche chiarire i termini che uso in questo libro, poiché l'argomento è veramente intriso di equivoci, atteggiamenti emotivi ed inutili paure.

Come Sono Diventato "Praticante Sciamanico"

Ho vissuto i miei primi tredici anni a Tricarico, un piccolo paese del sud Italia le cui origini risalgono all' 849a.C. Nella storia di Tricarico il mio cognome risale al quindicesimo secolo, quindi le mie radici sono profonde in questo paese caratterizzato da un'atmosfera magica, con la sua antica architettura quasi intatta, di influenza araba, bizantina e saracena. Nella mia adolescenza il paese era una comunità affiatata, immersa nella natura, piena di tradizione ed emozioni condivise, impregnata di un sentire magico che la maggior parte degli americani, soprattutto i più giovani, possono solo immaginare.

La morte entrò nella mia vita bruscamente fin dall'inizio. Mio padre morì quando avevo nove mesi. Mia nonna morì quando ero ancora un ragazzo e mio zio, che era per me come un padre, morì quando avevo undici anni. Queste morti nella mia famiglia mi causarono di sicuro molto dolore e sofferenza e suscitarono anche profonde domande nella mia giovane mente. Molto semplicemente, volevo sapere che cosa stava succedendo e, su scala più ampia, qual era il senso della vita sulla terra e cosa accadeva oltre la morte. Questi interrogativi, che a me sembravano naturali, continuarono a persistere nella mia adolescenza e nella maturità.

Mi trasferii negli Stati Uniti ancora adolescente e là mi laureai in Psicologia, che a quel tempo rappresentava la mia passione. In seguito, stranamente, intrapresi una carriera negli Affari Finanziari, poiché mi sembrava una via che mi avrebbe agevolato dal punto di vista economico, dovendo, nel frattempo, occuparmi di tre figlie.

Sebbene le attività e gli svaghi convenzionali mi avessero preso per decenni, gli stimoli spirituali del mio cuore erano una risacca continua che premeva da dentro. Facendo carriera avevo ampiamente soddisfatto le mie esigenze finanziarie ma sentivo sempre più di non aver fatto altrettanto con le mie esigenze spirituali.

Intorno ai quarant'anni la divergenza divenne insostenibile. Sapevo di dover seguire il mondo che vedevo attraverso il cuore e non solo attraverso gli occhi. In questo senso la mia storia è simile a quella di molti altri, forse proprio simile alla vostra: quella di abbracciare i propri valori più profondi solo in età matura.

Ricordo di aver letto avidamente i libri di Carlos Castaneda e di aver sentito un'intensa risonanza con il mondo che descriveva. Tuttavia ci sarebbero voluti anni prima che questi sentori cominciassero a dare frutti, quando finalmente decisi di studiare con il padre dello Sciamanesimo moderno, Michael Harner, fondatore della Foundation for Shamanic Studies in California. Non dimenticherò mai quei brividi lungo la spina dorsale la prima volta che, seduti in cerchio, Michael Harner "chiamò gli Spiriti": un'invocazione fatta all'inizio di ogni sessione in cerchio in cui si lavora con lo Spirito. Durante quel rituale sentii una musica come di flauto celestiale, simultanea alla sua invocazione e seppi di aver contattato un regno a me molto familiare. Mi sentii a casa.

Ora so che per gli sciamani è comune ricevere la loro iniziazione attraverso una qualche forma di malattia. Solo da adulto sono arrivato a capire che io stesso ero stato iniziato a questa vocazione fin dall'infanzia, non solo a causa delle morti che ho descritto, ma anche da un insolito periodo di malattie infantili. Per circa quattro mesi, da adolescente, fui colpito da una malattia sconosciuta. Gli unici due medici del paese venivano a visitarmi quasi ogni giorno molto premurosamente e preoccupati per me, ma senza risultati. In quel periodo ricordo di essere stato fuori dal mio corpo e di aver visto molti strani luoghi. Non avendo, però, la maturità per definire queste esperienze, le trovavo molto sconcertanti e non sentivo di poter condividere con altri ciò che provavo.

Studiai molti anni come apprendista di Michael Harner, che era approdato alla pratica sciamanica tramite un'importante carriera accademica. Mi formai inoltre con gli insegnamenti di Alicia Luengas Gates che aveva intrapreso il sentiero sciamanico dopo essere stata una suora francescana in Messico e con gli insegnamenti di Sandra Ingerman laureatasi in psicoterapia prima di dedicarsi allo sciamanesimo. Lavorai con grande dedizione con questi maestri che conoscevano profondamente i misteri dello sciamanesimo. In quegli anni di formazione, frequentai corsi base e corsi avanzati, inclusi corsi pratici sulla de-possessione. Acquisii così molta conoscenza ed esperienza. Durante la mia formazione ricevetti anche iniziazioni sciamaniche: specifiche cerimonie rituali in cui si ottiene uno "spostamento di visione" grazie ai propri Spiriti Alleati. Questo spostamento porta a una comprensione della realtà di altre dimensioni. Ciò che si sperimenta durante queste iniziazioni è così straordinario da non poter essere spiegato usando la logica; di conseguenza sprona la mente a mettere in discussione la natura stessa della realtà così come ci è stato insegnato a percepirla.

Tali iniziazioni conducono ad esperienze ed imprese che umanamente non si potrebbe compiere. Fondamentalmente queste esperienze iniziatiche non possono essere spiegate senza riconoscere l'intervento e la reale esistenza di questi spiriti guida: i nostri Alleati.

Questo spostamento viene dato a coloro il cui compito è di

lavorare con gli spiriti di guarigione per alleviare la sofferenza di tutto ciò che vive. L'iniziazione è sempre il più grande onore concesso dagli spiriti e di solito costringe lo sciamano o la sciamana a sviluppare molta umiltà al cospetto del potere di guarigione che viene mostrato da parte di questi Alleati.

Lo Sciamanesimo dei Nostri Tempi

Ci sono molti aspetti dello sciamanesimo e della de-possessione che potrebbero apparire fantasiosi. Questo è particolarmente vero nella cultura arida e materialistica in cui viviamo, la cui tecnologia e mentalità di massa hanno permeato le sorgenti più profonde della spiritualità umana.

Molte antiche culture indigene, naturalmente, ne sapevano di più. Esse erano caratterizzate da un apprezzamento del fatto che esiste un lato invisibile della vita e che la vita è piena di misteri e governata da leggi molto diverse da quelle dell'attuale società umana.

Mentre in questo senso la nostra cultura è stata "asfaltata" come un grande parcheggio, molte antiche e nobili forme di spiritualità hanno spinto verso l'alto come fiori attraverso quell'asfalto. Non si tratta di movimenti astratti, ma di persone reali che incarnano queste tradizioni e le loro conoscenze. La spiritualità di queste persone richiede non solo parole, tradizioni e competenza ma esperienze di prima mano, dimostrazioni pratiche e trasformazione. I miei insegnanti sono stati meravigliosi esempi di questa rinascita e un numero crescente di persone sta via via diventando ricettivo a tale spiritualità.

Gli sciamani di oggi spesso insegnano pratiche che ognuno può utilizzare per migliorare la propria vita. Lo sciamanesimo è un approccio molto "democratico" allo Spirito e alla fine di questo libro troverete un elenco di testi attraverso cui è possibile approfondire tutto ciò. In questo libro, però, mi focalizzo sulla specifica pratica della de-possessione.

La de-possessione consiste nel separare una persona dallo spirito di un altro essere che si è stabilito nel suo campo energetico. Una parte importante della de-possessione è fare un accordo con lo spirito intrusivo affinché costui lasci un posto occupato abusivamente, per ragioni, come si vedrà, abbastanza comprensibili ma non sempre integre. Prenderemo in considerazione le dinamiche coinvolte in questo processo, che sono diverse da quelle comunemente trasmesse dalla religione, dalle favole o dalle superstizioni. A questo proposito esaminerò la pratica comunemente nota come "esorcismo". Come dimostrerò, la de-possessione e l'esorcismo sono totalmente differenti nelle assunzioni fondamentali, nelle procedure e nei risultati. Ritengo, anzi, che la de-possessione sia una pratica benefica, a differenza dell'esorcismo. In effetti, se fatta da un esperto professionista, la de-possessione è un evento positivo per tutte la parti in causa. Ho scritto questo libro nella speranza di far luce su quest' argomento, per depurarlo dalla paura e dal dramma e rendere questo atto di guarigione credibile e congeniale ad una cultura che rifiuta tali pratiche.

Le Parole che Uso e Perché le Uso

Voglio definire i termini che uso in questo libro, poiché questo potrà aiutarvi a comprendere come la mia tradizione sciamanica vede la vita, la morte, gli spiriti e la de-possessione. Dato che le nostre parole riflettono la realtà in modo imperfetto, nelle cose che contano davvero le nostre parole dovrebbero riflettere, nel modo più fedele possibile, la nostra intima e più elevata conoscenza che abbiamo nel profondo del cuore.

Consideriamo in primo luogo la parola "de-possessione". Anche se imperfetto come termine, è quanto di più vicino si possa ottenere per descriverla con una sola parola. Mi piace perché riflette il semplice fatto che stiamo "sciogliendo" una sorta di "presa" serrata a livello strutturale. E' inoltre una gradevole alternativa alla parola "esorcismo". Anche se questo termine non appartiene esclusivamente alla chiesa cattolica, esso è comunemente associato a molti secoli di rituali praticati dalla chiesa stessa. Nel film L'Esorcista, questa pratica ha avuto una connotazione estremamente negativa, da cui forse non si potrà mai riscattare. Questo è di per sé è motivo sufficiente per servirsi di un termine diverso da "esorcismo".

Voglio aggiungere che, mentre mi sta bene la parola "de-posses-sione", non mi piace la parola "posseduto". Avendo lavorato con un gran numero di persone che potrebbero essere definite "possedute", so che ci sono molte sfumature del problema. In molti casi, la vita di tali persone è stata compromessa creando dipendenza, sofferenze emotive, problemi di salute, o disagio mentale. E tuttavia, nonostante queste sfide, se pur a fatica, esse riescono ancora a condurre una vita accettabile in termini di lavoro, famiglia e relazioni. All'altra estremità della scala esistono condizioni in cui la vita di una persona può essere enormemente degradata e distrutta. La parola "posseduto", però, sug-gerisce non sempre tale gravità, ma solo la morsa della schiavitù e la perdita di autonomia. Questo è il motivo per cui io uso la parola "ospitante" per descrivere questi esseri umani. Come spero noterete non uso parole a caso.

Quando si tratta dell'altro protagonista, lo spirito invasore, io uso un certo numero di termini diversi, a seconda del contesto: "spirito errante", "spirito invasore", "spirito possedente", "spirito che ossessiona". Uso anche il termine "anima vagante" o "anima persa", anche se quest'ultimo è un po' impreciso, perché la maggior parte di questi spiriti non sanno di essere persi. Termini che non solo evito, ma con-testo, sono le parole di uso comune "fantasma", "demone", "diavo-lo", "Satana" e simili. Questi termini sono negativi e arbitrari e, come tali, non sono contemplati nella visione empatica della mia tradizione. Vorrei anche sottolineare che "il diavolo", come comunemente con-cepito, è un'invenzione puramente umana creata circa tremila e cinquecento anni fa.

Le parole demon e daimon sono l'ortografia latinizzata del greco daimwn, che si riferisce ai demoni dell'antica religione greca e mitologica, alla religione ed alla filosofia ellenica. I demoni erano buoni o benevoli "esseri soprannaturali" che interagivano tra i mor-tali e gli dei, come divinità inferiori e fantasmi degli eroi morti (cfr. Simposio di Platone), e sono molto diversi dall'uso giudaico-cristia-no della parola 'demone', che intende uno spirito maligno che può sedurre, affliggere, o possedere gli esseri umani. Quest'ultimo uso è un mito che ancora oggi serve alle autorità religiose per instillare la paura nelle persone e a cui attribuire la colpa per i loro cosiddetti peccati e per i mali del mondo. Questo concetto è il contrario dell'idea teologica, per me molto più accettabile, che non esiste nulla al di fuori del Creatore.

Nel dire questo non sto suggerendo che non esiste il "male". La nostra esperienza comune ci dice che ci sono, infatti, molte cose sulla terra e nelle persone che possono avere effetti dolorosi, distruttivi e negativi su di noi e sul pianeta. Detto questo, dalla mia esperienza di comunicazione con le anime perse, so che, prima di tutto, la maggior parte di loro sono spiriti umani. Ci sono altre entità non umane che a volte entrano in gioco, come pure spiriti con intenzioni veramente cattive, ma, in tutti i casi, essi meritano tanta empatia e rispetto quanto l'individuo che è il " padrone di casa", che tendiamo a considerare come vittima. Perché nella possessione, come sempre in natura, non c'è buono o cattivo. E se c'è una vittima, allora c'è una vittima su entrambi i lati. Inoltre definisco la persona che esegue la de-possessione come "guaritore" o, in accordo con la mia tradizione, come "praticante sciamanico" o "guaritore sciamanico".

La parola "sciamano" deriva dalla cultura dei Tungusi, abitanti dell'Asia Nord orientale (Siberia, Mongolia e Cina Settentrionale); letteralmente significa "colui che vede nel buio" o "persona che sa": una parola sopravvissuta fino ai nostri giorni. Nel corso della storia, la de-possessione è stata anche eseguita da uomini e donne che, nella nostra lingua, sarebbero stati chiamati streghe, stregoni, o uomini e donne di medicina – termini che potrebbero suggerire associazioni inadatte. E' stata praticata da esponenti delle principali religioni del mondo, pur senza raggiungere il profilo sensazionale degli esorcisti della Chiesa cattolica. Ciò che conta è che culture ampiamente diverse, nel corso della storia, hanno avuto modo di risolvere quello che potrebbe essere definito il fenomeno "naturale-innaturale" della possessione.

Per alcune persone può accadere di non "andare oltre" dopo la morte, nei casi in cui la morte si verifichi improvvisamente a causa di incidente o di conflitto o a causa di un forte attaccamento a persone o beni materiali in questa vita. Questo accade abitualmente con maggior frequenza di quanto si possa pensare. Potremmo dire che ciò è "innaturale", nel senso che non è l'ideale o la norma. Ma la Natura, ovviamente, è piena di accadimenti che noi consideriamo "negativi" o "innaturali" e che sono semplicemente il modo in cui la Natura stessa opera.

Infine uso una varietà di termini per indicare gli spiriti che lavorano con me quando effettuo la de-possessione, così come altre pratiche di guarigione. Uso termini come Spirito, Spiriti aiutanti, Spiriti compassionevoli, Spiriti alleati, Animali di potere, Angeli e simili, a seconda del contesto. Ciò che conta principalmente è che questi spiriti sono reali e l'aiuto che essi offrono è reale. Nella nostra cultura l'idea stessa degli spiriti provoca dubbi e sopracciglia inarcate, per non parlare delle reazioni nei confronti di chi afferma di avere una relazione diretta con gli spiriti. Ovviamente il mio scopo non è convincere altri della realtà degli spiriti, quindi lascio il compito della verifica al lettore.

La Realtà della Guarigione Sciamanica

Ciò che condivido in questo libro è totalmente basato sulla mia esperienza e conoscenza personale come praticante sciamanico - che, non mi stanco di sottolineare mai abbastanza, non è un dogma - poiché ritengo che l'esperienza diretta sia essenziale per favorire l'emergere della comprensione delle realtà spirituali. Tali realtà possono e devono essere verificate esperienzialmente di persona, da voi e da me. Viviamo in un'epoca di fermento e di risveglio spirituale, che si lascia alle spalle la fede in un Creatore esterno separato da noi che funge da genitore, e ci stiamo dirigendo verso un destino personale che appartiene alla Divinità che vive in ciascuno di noi. Mentre antichi dèi vengono abbandonati strada facendo, realizziamo la visione di noi stessi come spiriti umani che vivono in un universo multidimensionale che è sia metafisico che fisico. Cerchiamo l'intuizione diretta e l'esperienza personale delle altre dimensioni che si compenetrano e interagiscono con la dimensione della nostra vita quotidiana. Le mie verifiche di queste dimensioni - che gli sciamani chiamano "realtà non ordinaria" - non sono solo realtà "sciamaniche" più di quanto non siano le realtà cristiane, buddhiste o hindu. Esse sono realtà tangibili che esistono indipendentemente dal loro nome. Ogni vita fa parte dell'Uno. Chi accede ad altre dimensioni per contattare questi spiriti ed ottenere benefici per i propri simili è un guaritore. La conferma empirica deve essere il nostro punto di riferimento e la guarigione è la conferma dell'intervento di questi spiriti evoluti.

I vantaggi della de-possessione, così come descritta in questo libro, hanno avuto conferma nei cambiamenti positivi vissuti dai miei clienti e da quelli dei miei numerosi colleghi. Come conseguenza ho visto depressioni alleviarsi, dipendenze diventare meno gravi o scomparire del tutto, emozioni stabilizzarsi, malattie svanire e voci nella testa scomparire. Ho constatato miglioramenti sensibili nella salute psicologica e nel campo energetico della persona con conseguente benessere. Sono meravigliosi risultati che spero apprezzerete meglio in queste pagine.

🦅 🦅 🦅

Il resto del libro è organizzato nel modo seguente:

Nel **Capitolo Uno** ho descritto fatti reali che riguardano la vita, la morte, la vita dopo la morte ed il passaggio dello spirito umano tra i due regni. Molti lettori si sentiranno già a proprio agio con i concetti che presento, altri forse meno. In ogni caso il modo in cui percepiamo il mondo ha un'enorme influenza su ciò che riteniamo possibile e questo è particolarmente vero nel caso della guarigione spirituale.

Nel **Capitolo Due** descrivo i tre componenti della de-possessione in cui interagiscono tre esseri diversi: l'intruso, chi subisce l'intrusione e il praticante sciamanico. Parlo dei ruoli che ognuno di loro ha nel processo e le diverse dinamiche coinvolte.

Nel **Capitolo Tre** presento la preparazione per la de-possessione. Cioè spiego chi potrebbe trarre beneficio da questa pratica e in che modo le persone possono trovare qualcuno qualificato per aiutarle. Quindi spiego come scegliere tale persona. Parlo anche della diagnosi spirituale in cui il praticante sciamanico determina se si è veramente verificata una possessione o se la causa del disagio deriva da altri fattori.

Nel **Capitolo Quattro** descrivo l'atto vero e proprio della de-possessione. Dopo aver mostrato il contesto in cui esso si svolge, descrivo ciò che accade durante il processo: ciò che il praticante scia-manico vede e fa e l'interazione dinamica fra il guaritore, colui che subisce l'intrusione e lo spirito intruso, oltre agli spiriti aiutanti che rendono possibile la risoluzione.

Nel **Capitolo Cinque** spiego come la de-possessione sciamanica sia fondamentalmente diversa, addirittura antitetica all'esorcismo, che è sempre stato l'approccio della Chiesa Cattolica per risolvere la pos-sessione.

Il **Capitolo Sei** è intitolato "Postumi-Integrazione". La de-pos-sessione rappresenta una svolta per il cliente e il sollievo da un peso a lungo sopportato. Annuncia anche l'inizio di una nuova fase di guari-gione. In questo capitolo parlo della conseguente integrazione e come il cliente si adatta alla nuova realtà. Rispondo al quesito sulla possibi-lità o meno di un'ulteriore invasione da parte di uno spirito errante successiva alla de-possessione.

Il **Capitolo Sette** offre un resoconto diretto di qualcuno che ha vissuto una de-possessione eseguita da me. Questo fa luce su molti aspetti del processo attraverso un'esperienza autentica.

Nel **Capitolo Otto**, infine, propongo una bibliografia per ulte-riori approfondimenti.

✹ ✹ ✹

Lo Sciamanesimo è un percorso spirituale alla portata di tutti, indi-pendentemente dalla propria religione o cultura. Come me, molti praticanti sciamanici insegnano rituali accessibili e di grande benefi-cio per tutti. Praticare la de-possessione, però, non è per tutti. Prevede reali pericoli e non dovrebbe essere esercitata da chi non sia dotato di un'impeccabile preparazione ed esperienza. Vi prego di non conside-rare neppure lontanamente di avvicinarvi da dilettanti a questo settore. Questo lo sottolineo con molta fermezza.

✹ ✹ ✹

Vi auguro ogni bene attraverso l'avventura di queste pagine.

Rilassatevi, divertitevi, preparatevi a imparare cose nuove, soprattutto lasciate fuori le vostre paure. Il mio desiderio è che la de-possessione possa diventare qualcosa che può armoniosamente prendere il suo adeguato posto nella nostra cultura e nella nostra visione del mondo in evoluzione. E poiché la vita, a mio avviso, è un evento stupendo e infinito che invita a continua esplorazione, questo è un argomento a cui avvicinarsi senza timore ed a cuore aperto.

Namaste!
Peter Salomone
Placerville, California 2014

Capitolo I

La Vita, la Morte, l'Aldilà... E Ciò che Sta nel Mezzo

Viviamo in un Momento Particolare

Viviamo in un momento particolare. Molti di noi credono che la vita sia un evento spirituale in cui la nostra anima entra nel nostro corpo e lo lascia al momento della morte per migrare in un regno dove continua a vivere in quella che la maggior parte delle persone considera un corpo sottile. Pochi, però, sono cresciuti in una cultura, o secondo una religione, che davvero ci abbia dato questa convinzione, né tanto meno che l'abbia coltivata. La maggior parte di noi l'ha adottata di sua iniziativa in età adulta, basandosi su studi e idee che arrivano direttamente al proprio cuore, andando contro una cultura di massa che rifiuta quest'idea. Ed è a mio parere una cosa assolutamente eccezionale.

La maggior parte delle persone che vengono da me per una guarigione sciamanica ha questa visione spirituale. Per alcuni è una tiepida speranza di una parte di sé che ha appena preso forma. Per altri è una profonda intuizione basata su idee ed esperienze personali. E per altri ancora, questa visione di spiriti che lasciano la loro forma fisica e attraversano la soglia dell'aldilà, non è né una speranza né un'intuizione, né religione, né filosofia. È un dato di fatto, qualcosa che essi vedono con la stessa chiarezza con cui altri vedono il mondo fisico.

🦅

La Vita È una Guarigione

Questa visione di noi stessi come esseri in evoluzione in un cosmo eterno, ha anche un lato negativo. Evoluzione significa crescita che, a sua volta, richiede conoscenza personale, responsabilità e sacrifici su molti livelli. Questa crescita, spesso, si manifesta in modi che noi consideriamo come guarigioni. Potremmo addirittura dire che il senso della nostra vita sulla terra è quello di essere guariti, interpretazione valida quanto tutte le altre che potremmo dare. Quindi, insieme alla nostra spiritualità emergente, sono arrivate le intuizioni riguardanti i modi con cui rimaniamo legati alle esperienze negative della vita. Queste intuizioni vengono descritte in termini di energia, psicologia e filosofia da innumerevoli guaritori pionieristici.

Più prendiamo coscienza del labirinto della psiche, più smettiamo di credere spensieratamente di essere tutti "normali". Capiamo sempre meglio che la persona media e "normale" ha una storia fisica, psichica ed emotiva che si manifesta con energie negative intrappolate in diversi strati della psiche e del campo energetico. Troviamo poi un numero vertiginoso di sofferenze che affliggono queste persone "normali" e un numero ugualmente vertiginoso di approcci per trattarle.

Una "New Age" non Così Nuova

Possiamo considerare molti di questi approcci "New Age". Ma la cosa più sconcertante della "New Age" è che essa è semplicemente la riscoperta di conoscenze e tecniche note a molte culture antiche. È solo la nostra ingenuità a farci sembrare "nuove" queste scoperte, perché era chiaro già molti anni fa che l'unico modo per permettere alla Luce di risplendere in noi è attraverso la guarigione. Anche i nuovi approcci più creativi si basano solitamente su pratiche di guarigione antiche. La visione cosmica che abbiamo oggi è solo una versione aggiornata della visione che altri avevano nel passato. Quindi, la tradizione sciamanica da me praticata non è altro che la versione moderna di pratiche e competenze antiche riconosciute da sempre. In sostanza, ci inginocchiamo davanti al Divino alla stessa maniera degli antichi, e possiamo ricevere la grazia dello stesso aiuto Divino che è stato donato a loro. Se consideriamo che lo Sciamanesimo risale a circa 30.000 anni fa, noteremo che le pratiche sciamaniche di oggi, e la de-possessione in particolare, non sono sicuramente "New Age".

✝

L'Idea dell'Aiuto Divino

L'idea dell'aiuto divino è un'altra idea che molti di noi hanno adottato solo durante la maturità. Per alcuni è un sentimento dolce e rassicurante, soprattutto in momenti di stress o di sofferenza. Per altri, è una consapevolezza più forte, basata su esperienze straordinarie che possono solo essere spiegate dalla presenza di una Mano Divina. E infine, ci sono quelli che hanno sviluppato il dono che abbiamo tutti per natura: connettersi e anche comunicare con gli aiutanti Divini, come compagni, per così dire, qui sulla terra. Questo dono è stato sviluppato da uomini e donne nel corso della storia esattamente come viene sviluppato oggi da uomini e donne di diversi ambienti, che siano sensitivi, sciamani, guaritori o membri di ordini religiosi e spirituali. Oggi diffondiamo lo Spirito attraverso una vasta gamma di forme e canali.

Un vero praticante sciamanico è una persona di questo tipo. Come ho accennato nella mia introduzione, io stesso ho affrontato iniziazioni in cui sono stato guarito e in cui ho formato un'alleanza con Spiriti Alleati di vari tipi. In un certo senso, mi assistono in diversi lavori di guarigione che svolgo, inclusa la de-possessione. A dire il vero, però, sono io ad assistere loro. Infatti, nella guarigione spirituale, il vero guaritore è solo un servitore o un canale per fare arrivare gli Spiriti che, da soli, sono in grado di effettuare le meravigliose guarigioni per cui preghiamo. Nella tradizione sciamanica, l'essere un canale per un Potere Superiore è definito come essere un "osso vuoto". Che cosa significa "vuoto", qui? Significa senza giudizi, orgoglio o presunzione, senza i tratti egoistici che impediscono il passaggio di potenti energie guaritrici.

Fools Crow, leader spirituale e uomo di medicina dei Lakota Sioux nel ventesimo secolo, descrive magnificamente cosa significa essere un osso vuoto in una conversazione con Thomas E. Mails:

"Dapprima ho pensato a tutti i blocchi dentro di me che si possono

mettere sulla strada di Wakan Tanka e degli Aiutanti quando desidero che operino dentro di me e attraverso di me. Quindi ho chiesto loro di rimuovere queste cose al fine di rendermi un osso pulito. L'hanno fatto, e man mano che sentivo gli ostacoli venire fuori li ho afferrati con le mani e li ho gettati via. Una volta fatto questo mi sono sentito fresco e pulito. Mi sono visto come un osso vuoto luccicante dentro e fuori. Ho guardato intorno a me per vedere se erano rimasti ostacoli o scarti, ma non ve n'era nessuno. Ho saputo allora di essere pronto a servire bene Wakan Tanka ed ho alzato le mani al cielo per offrirGli il mio ringraziamento e per dirgli quanto ero felice. Immediatamente ho sentito il potere che cominciava ad entrare in me e mi sono allungato per facilitare il processo. Era meraviglioso e la mia energia è cresciuta fino a che sono stato completamente riempito di potere. A un certo punto ho creduto di esplodere! Quindi ho visto persone di tutte le razze intorno a me e ho ceduto loro il potere. Erano tutti riconoscenti e mi ha fatto sentire bene condividere tutto questo con loro. Quando mi sono svuotato ho sentito altro potere arrivare in me ed è stato meraviglioso!" Mi osservò attentamente per vedere quale sarebbe stata la mia reazione. "È così che diventavo un piccolo tubo vuoto", disse.[1]

È stato descritto in modo simile da Alce Nero, un rinomato guaritore Sioux e uomo di medicina vissuto tra il diciannovesimo e ventesimo secolo.

"È stato lì, dopo la cerimonia Keyota che ho usato la mia visione da cane, che ho avuto il potere di fare da uomo di medicina per curare le persone malate; e ne ho curate molte con il potere che avevo dentro me. Ovviamente non ero io a curare. Era il potere dall'altro mondo, e le visioni e le cerimonie mi avevano reso come un buco attraverso cui il potere poteva arrivare ai bipedi. Se pensavo di farlo io, il buco si chiudeva e non arrivava nessun potere, e tutto quello che facevo non aveva senso."

Quindi è una vera e propria collaborazione. Gli spiriti non hanno tutto il potere che serve per esercitare le guarigioni direttamente nella realtà ordinaria; hanno bisogno di un "intermediario" che possa ser-

---

1 NDT: Da Saggezza e Potere di Thomas E. Mail.

vire da canale attraverso cui il potere dello Spirito possa manifestarsi. Anche se lo Spirito è indubbiamente il potere guaritore, sono indispensabili entrambi in egual misura. Il corpo fisico dello sciamano serve come contenitore per il potere guaritore dello Spirito: lo sciamano è suo alleato, è un osso vuoto attraverso cui può lavorare. Vorrei specificare però che lo sciamano non abbandona mai il suo discernimento su quanto è necessario nel processo.

Lo sciamano è una persona che ha imparato a mettersi in contatto con gli Spiriti nella realtà non ordinaria e con questo dialogo instaura un rapporto con precisi Spiriti che si specializzano in diversi tipi di guarigione. Uno Spirito può lavorare con lo sciamano per le estrazioni, un altro per il recupero dell'animale di potere o dell'anima, un altro per la de-possessione. Quindi, uno sciamano esperto ha diversi specialisti da chiamare.

La Realtà degli Spiriti Incorporei Tra di Noi

Anche vedendo chiaramente la vita, la morte e l'aldilà, non è detto che si concepisca l'idea di spiriti che vagano nel nostro mondo. Dopotutto, dato che non tutte le persone la sperimentano, perché dovremmo considerarla? Inoltre, l'argomento sembra così tetro e sgradevole! Benché io comprenda questo atteggiamento, esso è un chiaro limite alla comprensione spirituale. Perché? Perché ci rende ciechi a una realtà che ha un impatto tangibile su molte persone attorno a noi a un livello tale che molti ne sarebbero sorpresi. È proprio la frequenza con cui gli spiriti non vanno oltre, ma invece rimangono qui, a rendere questo fenomeno una parte essenziale di una visione oggettiva del mondo spirituale.

Quanto è comune la possessione? Permettetemi di essere chiaro. È comune, ed è parte della vita, proprio come la nascita o la morte. Anche se non possiamo vederli, gli spiriti sono ovunque, in quello che gli sciamani chiamano il Mondo Medio. Possono insinuarsi in campi energetici di persone comuni che incontriamo a lavoro, a scuola, al supermercato. Può sorprendervi sentire che questi spiriti sono la causa principale di dipendenze, malattie, problemi psicologici che affliggono molte persone "buone" come noi. Per non citare le molte "buone" persone che vengono portate sulla "cattiva strada", istigate alla violenza e all'instabilità mentale. Pochi di noi non hanno famiglie e amici che hanno sofferto, o continuano a soffrire, di problemi, dolori o malattie per cui non c'è cura o spiegazione. La possessione potrebbe esserne la causa principale.

Ovviamente, gli esseri umani hanno sempre sofferto: basta guardare le prigioni, gli ospedali psichiatrici e tutti i crimini, le guerre e i reati che vediamo al telegiornale. Posso dire per certo che la possessione è causa di buona parte di tutto ciò. In Brasile, dove la de-possessione viene praticata di routine dai membri delle chiese Spiritiste in ospedali, reparti psichiatrici, prigioni e strutture private, si sta raggiungendo un successo notevole con persone che soffrono di schizofrenia, bipolarità e dipendenze e comportamenti patologici. Molti membri affermati esponenti della medicina occidentale, stanno studiando questo movimento in prima persona, spinti dal proprio interesse. Le loro conclusioni potranno non arrivare mai a essere documentate al punto da sentirle al telegiornale, ma lo scopo e la serietà del loro interesse sono di per sé emblematici.

La possessione, quindi, è un fattore fondamentale della sofferenza umana, ma non viene riconosciuta come tale. Questo è il motivo per cui è bene aggiungere alla nostra visione del mondo l'idea di anime erranti che interferiscono con i vivi. E dovremmo farlo con chiarezza, distacco e compassione, così da scacciare la paura e la negatività che circondano questo argomento. Solo allora potremmo apprezzare l'utilità e la benedizione della de-possessione. Guarire è un dono divino e la de-possessione è uno di questi doni, proprio come i farmaci moderni o le operazioni. È un antico ramo benefico delle guarigioni naturali.

Vediamo quindi questo fenomeno delle anime erranti e della possessione e come si pratica la de-possessione.

Cosa ci Succede alla Morte?

La morte è un processo naturale quanto il sorgere del sole. Tendiamo a non vederla in questo modo solo perché associamo la morte al dolore che spesso lo accompagna, e perché il nostro ego ha paura di scomparire. Non sarò certo io a minimizzare queste paure, ma cerchiamo per un momento di sforzarci di capire più a fondo. Diciamo che proprio come il Creatore (o, se preferite, la nostra anima) ha deciso di farci venire qui, lo stesso Creatore ha deciso di farci andare via un giorno, come succede da sempre a tutti. Quale sarebbe quindi lo scopo naturale della morte?

Immaginiamo una scena in un dipinto di Rembrandt: un patriarca giace moribondo nel letto della sua casa circondato da amici e famigliari. Non ha più preoccupazioni terrene e il momento del suo addio viene anticipato da un sentimento religioso condiviso da tutti. Che cosa significa la parola "religioso" in questo contesto? Per il moribondo significa accettazione, un atteggiamento positivo, un'anticipazione profonda per una transizione in atto e la speranza di una vita migliore una volta partito. Per i suoi cari significa la stessa cosa unita a un apprezzamento per la vita che continua, senza di lui, temporaneamente, sulla terra.

Cosa succede poi, quando il patriarca muore? Proprio tutto il bene che ci si aspettava! Perché, come sanno gli sciamani grazie alle loro percezioni, la morte è sicuramente un "attraversamento". E sanno anche che gli Spiriti Compassionevoli aspettano di aiutare personalmente ogni individuo a passare la soglia tra questo mondo e il prossimo. E anche se questo attraversamento ha qualcosa di grandioso e mistico, esso è allo stesso tempo naturale quanto portare i vostri figli a scuola la mattina, vedere gli insegnanti che li salutano sui gradini, e vederli scomparire insieme dietro le porte. È il passaggio attraverso questa soglia a costituire la morte.

Purtroppo, la vita non è sempre un quadro di Rembrandt, e per molti la morte non è né pacifica né illuminata dalla comprensione. Le circostanze della morte potrebbero determinare come gestiamo il passaggio da questo mondo. È facile elencare tutti i modi in cui la morte può "andare male". Persone che muoiono improvvisamente, o violentemente, a causa di ictus, infarti, incidenti aerei o automobilistici, in crimini o guerre. Persone che muoiono in preda alla paura o a resistenze fortissime, o lasciando conflitti irrisolti o desideri insoddisfatti. Quando succede questo, e sfortunatamente succede spesso, lo spirito della persona non passa all'altro regno. Lo spirito ha lasciato il suo corpo, ma rimane a vagare in una forma sottile, visibile agli sciamani, nel Mondo

Medio della realtà non ordinaria, che coincide con l'ambiente fisico in cui viviamo noi. Lì continua a esistere, invisibile ma reale proprio quanto l'ossigeno, i microbi e l'umidità a cui tutti crediamo.

E cosa fanno solitamente questi spiriti vaganti, sciocati e confusi? Fanno quello che farebbe qualsiasi persona trovatasi improvvisamente senza una casa: cercare il rifugio più vicino. Lo spirito può quindi insinuarsi nel campo energetico letteralmente di chiunque sia vulnerabile e a portata di mano. E qui trova una nuova casa, un rifugio sicuro che offre un certo grado di energia e il conforto di un corpo umano che vive una vita umana. Paradossalmente, anche se consideriamo questi spiriti pesanti e "legati alla terra", sono più sottili e "leggeri" di quanto lo siamo noi, i cui campi magnetici rimangono legati a un corpo fisico. Questi spiriti hanno solo lo "spirito", quindi possono invadere il campo energetico di un'altra persona e compiere l'atto, apparentemente "magico", della possessione.

La cosa più strana e difficile da capire per molti è che questa possessione, nella nostra cultura, è raramente un atto intenzionale, tanto meno maligno. Infatti, questo spirito di solito non ha capito cos'è successo, e potrebbe non realizzare nemmeno di essere morto. Questo è il motivo per cui dobbiamo cambiare il nostro modo di pensare. Per prima cosa, dobbiamo accettare l'idea che la possessione è un evento abbastanza comune. Poi dobbiamo cancellare tutte le cose negative a cui la associamo. Dal punto di vista sciamanico, è una situazione umana comune che richiede una risposta compassionevole e pratica. Questo è il motivo per cui gli sciamani considerano la de-possessione un atto di igiene spirituale.

Come ho suggerito prima, è anche vero che ci sono spiriti intrusivi che entrano in una persona intenzionalmente, argomento che tratteremo più avanti in contesti precisi.

Cosa Succede Dopo?

Una volta che due energie condividono un solo corpo, si hanno due co-inquilini che vivono in una stanza pensata per uno. Una bella visione di quello che accade nella possessione è stata data in un'intervista con la sciamana contemporanea Betsy Bergstrom.

> "*Quando si ha una possessione, l'effetto sulla persona può variare immensamente. Spesso, la sensazione è di sentirsi, come lo definisco io, <oscurati>. Lo stato emotivo del deceduto, insieme alle sue paure, preferenze, vizi, desideri e anche malattie, ferite o traumi potrebbero essere trasferiti nell'ospitante, in una sorta di fusione di due persone in un solo corpo, così che nessuna delle due riuscirà a gestire bene la situazione. Uno spirito intrusivo potrebbe riuscire a sentire qualcosa di quello che l'ospitante sente, mangia o fa, ma sarà sempre smorzato e insoddisfacente. Lo spirito intrusivo potrebbe spingere perché i suoi desideri vengano esauditi, arrivando a portare l'ospitante perfino alla morte, ma senza mai davvero soddisfare i propri desideri a causa della natura zoppicante della connessione. La possessione media o l'oscurazione possono portare a malattie, rabbia, paura, depressione, cambiamenti di umore, sentire voci, sperimentare quella che può sembrare una vita passata, incubi e stimolo sessuale.*"

Come potete vedere la descrizione di Betsy suggerisce un'ampia gamma di possibili dinamiche per questa nuova "collaborazione" inconscia. Nel prossimo capitolo descriverò più dettagliatamente come avviene. La cosa importante ora è capire che l'ospitante è soggetto a una continua influenza invisibile che non capisce, e questo può compromettere la sua indipendenza, la salute, il benessere e anche la sua sopravvivenza in molti modi diversi.

Come Sa che È Tutto Vero?

All'abile occhio interno dello sciamano, la presenza nel Mondo Medio di spiriti disincarnati che volteggiano e si insinuano nei loro ospiti umani, è una realtà evidente come "il naso in faccia". Ma come fa una persona che non ha questa visione ad accettare che sia vero? In molte culture nella storia, la domanda non sorge nemmeno.

La possessione e la de-possessione sono accettate come fatti della vita. Questa realtà non è solo stata tramandata nelle spiegazioni orali, nei riti religiosi e nel folklore di queste culture antiche, ma è stata confermata nella pratica, e dimostrata dai risultati ottenuti. È questo a dare a tali tradizioni una vitalità così duratura. Ciò che allo scettico occhio moderno sembra solo superstizioso e mancante di prove, è per le tradizioni antiche un semplice dato di fatto.

La nostra cultura moderna ha perso il filo di queste tradizioni. Per aiutare le persone a riprendere il filo, vorrei condividere la seguente analogia. Quando un dentista fa una radiografia dei nostri denti, non possiamo vedere i raggi X. Ma crediamo nella conoscenza e nell'esperienza del medico che ha imparato a produrre e manipolare i raggi X e del dentista che li usa. Se dubitiamo che i raggi X esistano, tutto viene chiarito quando vediamo le immagini prodotte da questo processo invisibile che mostra punti scuri esattamente sulla superficie dentale dove abbiamo male.

Allo stesso modo, ogni dubbio che possiamo avere sulla realtà degli spiriti intrusivi può essere messo a tacere dai risultati che i guaritori moderni stanno raggiungendo con i loro clienti. Che sia la fine di una dipendenza, di un vizio, di un dolore, di un'ansia, delle voci... la prova viene sperimentata dal cliente e, di conseguenza, da chi gli è vicino. Nella mia esperienza, e nell'esperienza dei miei colleghi, la verità degli spiriti intrusivi, della de-possessione e della guarigione che ne consegue, è stata dimostrata migliaia di volte. In molte società questa prova è stata ripetuta per così tanti secoli ed è diventata così intrinseca alla tradizione che nessuno si sognerebbe nemmeno di pensare di dubitarne. E' solo perché la cultura scientifica di oggi è diventata così diversa da quella saggezza e da quelle pratiche che la dimostrazione costituisce un problema. Chiaramente abbiamo bisogno di essere educati nuovamente alle dinamiche del mondo spirituale.

Capitolo II

Un'Equazione Umana a Tre Fattori

In questo capitolo diamo uno sguardo all'equazione a tre fattori che caratterizza la de-possessione sciamanica. Ovviamente i fattori sono: 1) L'individuo che inconsapevolmente diventa l'ospite di uno spirito intrusivo, 2) Lo spirito intrusivo, 3) Il praticante sciamanico, il cui scopo è liberare il cliente dall'ospitante indesiderato e mettere lo spirito intrusivo in condizione di spostarsi ed andare oltre la dimensione terrena.

Per quanto riguarda l'ospitante, le domande più comuni che mi vengono rivolte sono: Chi viene invaso da uno spirito vagante e come si diventa vulnerabili? Perché una persona invece di un'altra? Esistono circostanze particolari che inducono alla possessione? Come ci si può proteggere? (parlerò dei sintomi della possessione nel Capitolo tre).

Per quanto riguarda lo spirito intrusivo, le domande più comuni sono: Chi sono questi spiriti? Perché invadono altre persone? Cosa ne ricavano e come? Quali dinamiche della vita condividono con l'ospite?

Infine, per quanto riguarda il praticante sciamanico: Chi diventa praticante sciamanico? Come si impara ad effettuare la de-possessione? Come si adatta tutto ciò alle tradizioni religiose e alle credenze culturali occidentali?

Diamo allora uno sguardo a questi tre fattori dell'equazione, in modo da capire meglio le dinamiche di questo processo.

L'Ospitante

Chi Viene Invaso e Perché?

Gli individui che posseggono un campo energetico spirituale forte e sicuro non vengono invasi da spiriti vaganti. La loro forza spirituale (diversa dalla forza fisica) respinge tale possibilità. La possessione si verifica in individui che soffrono fortemente di ciò che gli sciamani definiscono "perdita di potere". Come dice l'espressione, la perdita di potere è un tipo di debilitazione che viene sperimentata in molti modi: malattia, traumi, incidenti, shock psicologici e conflitti irrisolti di ogni genere. Sebbene molte persone non siano consapevoli di avere spiriti protettori come gli animali di potere, di fatto li hanno, cosa che costituisce un grande vantaggio. Tuttavia, in seguito ad azioni dannose per sé e per altri, quali ferite fisiche e psicologiche, le persone possono essere abbandonate dallo spirito guardiano e questo crea perdita di potere che, di conseguenza, porta vulnerabilità alle intrusioni. Quindi la perdita di potere può verificarsi per chiunque, a qualunque età, indipendentemente dalla forza fisica manifestata o dalla positività apparente della persona.

La perdita dell'anima causa la perdita di potere e deve quindi essere ripristinata intenzionalmente. Poiché ci sono diversi gradi di perdita di anima, ci sono diversi gradi di intrusione a cui si diventa vulnerabili.

Abbiamo visto abbastanza film di fantascienza da sapere come la perdita di potere possa dissipare il campo energetico di qualcuno. Un praticante sciamanico, però, è realmente in grado di vedere un campo energetico scarico, il quale si manifesta con buchi energetici, blocchi, perdite, schemi e simili. In generale, però, basta sapere che la perdita di potere è fondamentalmente un senso di debolezza o vuoto interiore, in contrasto con pienezza e forza. Si tratta di un'esperienza debilitante che invalida le capacità costruttive e creative della persona.

Nonostante le persone solitamente abbinino l'idea di "perdita di potere" con quella di "perdita di energia", il termine "perdita di potere" comunica meglio l'ottica sciamanica che dice che il Creatore ha donato a tutti potere per realizzare la propria potenzialità, per esprimere pienamente lo scopo della propria vita. Questo potere è un diritto di nascita ed è il segno distintivo di una persona sana. Quando i traumi portano alla perdita di parti della nostra anima, si crea un vuoto. Questo vuoto può essere grande o piccolo a seconda della quantità di perdita dell'anima. Mentre qualcuno può avere la forza per riprendersi da un terribile incidente senza perdere potere, un altro potrebbe sperimentare una notevole perdita da un incidente apparentemente meno grave o da un'esperienza meno negativa. Quindi, chiaramente, è inutile elencare tutte le situazioni che potrebbero portare a una perdita di potere e cercare una qualche corrispondenza fra la perdita di potere e certi tipi di malattia. Il punto importante è se ci sia o no perdita di potere, e la vulnerabilità che l'accompagna.

🦅

L'ottica Sciamanica di Malattia e Guarigione

La perdita di potere si può manifestare in tre diversi **modi**, che gli sciamani descrivono come: **intrusioni, perdita dell'anima** e **possessione**. Anche se hanno un'origine comune, ovvero la perdita di potere, non sono tre gradi diversi della stessa cosa. Vorrei brevemente parlare delle intrusioni e della perdita dell'anima perché ci forniscono un contesto essenziale per capire cos'è la possessione. E per comprenderle nel contesto appropriato, bisogna prima comprendere l'ottica sciamanica di guarigione, molto diversa dall'ottica della medicina e della psicologia a cui siamo stati abituati a credere.

Secondo la medicina convenzionale, nella maggior parte dei casi le malattie fisiche vengono riconosciute soprattutto attraverso indagini strumentali. Per quanto riguarda le malattie psicologiche, sono considerate "qualcosa" di indefinito che probabilmente risiede nella nostra biochimica o nelle sinapsi del nostro cervello, o in qualche posto nebuloso a cui ci si riferisce vagamente come "mente" o "psiche". A meno che non vengano prescritti farmaci, non sempre viene presa in considerazione la questione dell'origine dei nostri problemi perché viene considerato troppo teorico.

Gli sciamani invece sanno che le malattie hanno un'origine specifica e una particolare collocazione in determinate aree del corpo. In tal modo possono essere individuate e trattate fino alla loro risoluzione. Esistono in forma spirituale in luoghi che gli sciamani chiamano realtà "non ordinaria", che esiste decisamente "fuori dal radar" della medicina occidentale, così come della medicina orientale, sebbene questa ne riconosca le energie sottili. Una delle qualità dello sciamano sta nel conoscere le leggi che governano queste forme spirituali, e di essere in grado di accedervi con l'intento di portare guarigione. Diamo un'occhiata alle intrusioni, e poi alla perdita dell'anima, prima di arrivare alla possessione. Come vedrete, il quadro che si delinea è molto diverso dalla realtà così come la consideriamo normalmente.

Intrusioni ~ Estrazione

Le intrusioni minori sono generalmente entità non umane della realtà non ordinaria in grado di occupare i buchi nel campo energetico di una persona causati dalla perdita dell'anima. Una volta annidate all'interno della persona, possono causare disagi di vario genere, come malesseri e dolori, febbre e influenza. E, se questa perdita dell'anima è abbastanza grande, essa aprirà la porta a condizioni degenerative e malattie conclamate. Nel mondo medio, la Realtà Non Ordinaria è una realtà spirituale metafisica che rappresenta l'altra faccia del mondo ordinario in cui viviamo. È la dimora di una vasta gamma di soggetti ed energie che comprendono creature non gradite che tutti noi conosciamo, come vespe e ragni, nonché una serie di altre forme di vita che non conosciamo. Avete mai visto foto delle profondità oceaniche in cui ogni sorta di strane forme di vita galleggia in un "brodo" primordiale di vita biologica? Questa è una buona metafora per ciò che esiste nella realtà non ordinaria, nascosto alla vista. È molto interessante constatare che abbiamo accettato l'ottica della scienza moderna secondo cui siamo circondati da batteri, microbi ed elementi gassosi invisibili che hanno effetti su di noi, ma non abbiamo ancora accettato ciò che è stato verificato dallo sciamanesimo da almeno 30.000 anni: che siamo circondati da queste altre dimensioni ed entità spirituali non visibili nella realtà ordinaria.

Da un certo punto di vista, quando queste entità entrano in un essere umano, stanno semplicemente fluendo verso uno spazio più allettante. Come tutto in natura, vivono secondo un principio opportunistico e gravitano verso ambienti che li supporteranno meglio. È solo perché non appartengono al campo energetico dell'essere umano che le chiamiamo intrusioni. Il grado di perdita di potere di una persona determina la quantità ed il grado delle intrusioni a cui è vulnerabile. Una delle abilità fondamentali di un praticante sciamanico è la scoperta e la conseguente estrazione di queste intrusioni.

Come detto prima, ci sono diversi gradi di possibili intrusioni spirituali. Esse possono andare da piccole entità grosse come moscerini, insetti, chiodi, pietre ad altre sostanze la cui chimica non c'entra con l'essere umano. Una volta entrati nel corpo umano, questi diversi tipi di intrusioni sono soggetti a vari sviluppi.

Spiegare le intrusioni e l'estrazione in dettaglio, esula dallo scopo di questo libro, ma sarà utile un breve esempio al fine di comprendere meglio la possessione. Dopo essersi consultata con il suo medico senza aver trovato una soluzione al suo problema, una cliente venne da me lamentando una tosse persistente. Aveva anche notato un nuovo e strano ingrossamento nella zona del basso ventre. Mentre ero nello stato di coscienza sciamanica, andai nella Realtà Non Ordinaria del mondo medio (che spiegherò nel capitolo quattro) e vidi che si era formato un ristagno nero e fangoso nel suo basso ventre, e che da esso si formava una sorta di cordone che arrivava fino in gola. Nella Realtà Non Ordinaria estrassi questa cosa viscida e il cordone, e li riversai nell'acqua. La tosse della donna scomparve e, tempo dopo, il suo aumento di volume nel ventre si dissolse.

I medici occidentali avrebbero potuto approcciare il problema della mia cliente offrendo varie soluzioni. Ma chiaramente non avrebbero messo in relazione la sua tosse con la pancia e certamente non avrebbero estratto direttamente il materiale patologico, l'intrusione, che era la vera origine di questi sintomi. Il mio scopo non è assolutamente quello di affermare la superiorità della guarigione sciamanica su altri tipi di guarigione, quanto quello di suggerire che in molti casi la guarigione sciamanica è maggiormente indicata per ottenere risultati tangibili. E' mia opinione che la guarigione dovrebbe essere sempre una collaborazione fra la medicina allopatica e la metodica sciamanica e che, poiché gli sciamani curano la causa spirituale della malattia, non ci sia assolutamente nessun conflitto con la medicina allopatica.

Ora diamo un'occhiata al recupero dell'Anima, una sorta di processo inverso, in cui qualcosa che avrebbe dovuto essere **dentro** una persona è bloccato **fuori**.

🦅

Il Recupero dell'Anima

Il trauma è la nostra comune eredità umana. Quando una persona sperimenta uno shock fisico, emozionale o psicologico che è maggiore di quanto possa tollerare, una parte della sua anima lascia il corpo. Sandra Ingerman sostiene che la rottura di questi frammenti di anima sia il modo naturale per sopravvivere ai traumi. La psicologia moderna ci ha aiutato a capire il concetto di questa rottura o parti dissociate di noi stessi e la maggior parte delle persone può accettare quest'idea facilmente ed intuitivamente. Queste rotture compromettono la nostra integrità e, come le ferite, possono influenzarci in molti modi. C'è una parte importante di questo quadro di cui la psicologia moderna però non si rende assolutamente conto. Si tratta del fatto che queste parti, che si sono letteralmente e concretamente disgregate, continuano a esistere in posti ben definiti della realtà non ordinaria. In questi posti si mantengono in una forma spiritualmente visibile che ha una sua precisa collocazione, una presenza chiara ed un contesto specifico associato al motivo per cui si sono staccate. Ancora più importante, l'energia che ha lasciato la persona resta in attesa di essere recuperata.

Viaggiando nella realtà non ordinaria, uno sciamano esperto è capace di localizzare e comunicare con questi frammenti e riportarli nella realtà ordinaria, e letteralmente infonderli nuovamente nella persona. Ciò costituisce niente meno che la reintegrazione di una parte dell'anima e di quell'energia vitale che la psicologia moderna ammette esista "da qualche parte", ma che spera solo che il cliente possa un giorno recuperare, a seguito di intuizioni, lavoro onirico o psicoterapia.

La procedura sciamanica del recupero dell'anima diverge dalle procedure convenzionali: non richiede una lunga discussione, né il ripescare chiavi dal passato e non richiede un lungo periodo di tempo. Si tratta di un evento di guarigione specifico che costituisce un intervento spirituale in cui parti dell'anima vengono semplicemente recuperate per la persona. Ovviamente esiste un processo di integrazione che segue al recupero dell'anima, che comporta una guarigione che ha luogo nel tempo. Ma ciò che è notevole e diverso nel recupero dell'anima è che anche in un solo evento di guarigione potrebbe avvenire una reale svolta significativa.

Dopo un workshop ho effettuato un recupero dell'anima per una donna il cui corpo avrebbe dovuto mostrarsi come una gradevole figura fisica. Invece le sue spalle erano fortemente curvate in avanti e ne risultava una figura chiusa e come rannicchiata. Viaggiando nella realtà non ordinaria, riuscii a vedere che aveva subito un triste evento, che da quel punto in avanti aveva colpito sia la sua postura sia la sua psicologia. Con l'aiuto dello Spirito, riuscii ad infonderle l'energia che era fuggita da lei (restituendole così le sue parti di anima perduta), ed a ripristinare la sua integrità energetica.

Alcuni sciamani condividono con il cliente la "storia" dell'evento che ha creato la perdita dell'anima, che potrebbe essere qualsiasi cosa, da uno stupro a un divorzio a un incidente fisico. Altri, come me, preferiscono invece offrire una "storia di guarigione" che non si sofferma sul passato, ma ispira la persona a riprendere la propria integrità in seguito al recupero dell'anima. Altri ancora evitano sia la storia che ha causato la perdita dell'anima, sia la storia di guarigione, sapendo che il ritorno della parte o delle parti dell'anima perduta sarà di per sé portatore della guarigione desiderata. In tutti i casi, il ritorno dell'energia persa è evidente, sia per il cliente sia per il guaritore.

In questo caso, vide nella donna scorrere immediatamente una nuova vitalità che le avrebbe permesso di recuperare sia la postura sia l'autostima che aveva perso. Fu subito già visibile nel suo atteggiamento e nella scintilla dei suoi occhi. Lei stessa ne era consapevole e, mentre la comprensione di ciò che era accaduto si sarebbe approfondita nei giorni successivi, sapeva che qualcosa di grande significato aveva avuto luogo e ne fu molto riconoscente. Ovviamente il recupero dell'anima, così come quello delle intrusioni e dell'estrazione, è un argomento che merita più attenzione di quanto io possa offrire qui. Vorrei consigliare il libro "Il Recupero dell'Anima" di Sandra Ingerman come fonte di maggiori informazioni.

Ai fini del nostro argomento presente, vorrei anche parlare di altre due idee chiave. La prima è che la notevole capacità dello sciamano di individuare e recuperare le parti scisse dell'anima di una persona dipende interamente dalla saggezza e dalla partecipazione dei suoi Spiriti alleati. Lo sciamano, ricordiamo, è un "osso cavo", un intermediario esperto tra la realtà fisica e la realtà spirituale che le compenetra e le influenza. La seconda idea chiave è che l'accettazione da parte del cliente della realtà di queste dimensioni sottili e dell'assistenza benefica dello Spirito, è lo strumento per giungere alla guarigione.

🦅

Possessione

Ho fatto questa piccola digressione sul recupero dell'anima e sulle intrusioni al fine di trasmettere il senso della nostra potenziale vulnerabilità all'invasione di queste energie invisibili, e della potenziale scissione di queste parti dell'anima causata da traumi. Niente di tutto ciò è riconosciuto dalla scienza medica, né adeguatamente affrontato nel settore psicologico o religioso. Spero di aver contribuito ad aiutare ad apprezzare la capacità di guarigione sciamanica nell'affrontare tali problemi.

La vulnerabilità che accompagna la perdita di potere, inoltre, ha una gradualità, cosa che ci riporta al nostro argomento iniziale. Nel peggiore dei casi, la perdita totale dell'anima conduce alla morte. Un gradino più in basso può risultare in un coma. Scendendo ancora, diventa possibile per lo spirito errante di un essere morto invadere un corpo vivente. Il nostro sistema energetico, i nostri corpi, e in effetti, le nostre stesse vite, forniscono un mezzo che si adatta "perfettamente" a tali spiriti. Come si può vedere, quindi, una persona viene da uno sciamano per la guarigione a causa di uno o più problemi che hanno tre possibili origini: una parte scissa dell'anima, una o più intrusioni, la possessione. Poiché tutte e tre queste condizioni riguardano diversi tipi e gradi di perdita dell'anima, è del tutto possibile che una persona sia affetta da una o anche da tutte e tre le condizioni.

Questo, naturalmente, solleva il tema importante della diagnosi spirituale, che tratto in dettaglio nel prossimo capitolo.

✦

Perché una Persona e Non un'Altra?

Come ho detto prima, la possessione avviene abbastanza a caso in seguito a una perdita di potere. È possibile, ma meno comune, che lo spirito di una persona morta che non è andata oltre, si attacchi a qualcuno verso cui provava un forte attaccamento quando era in vita. Questo attaccarsi come un'ombra può avvenire se la persona viva non ha perso sufficiente potere da permettere allo spirito vagante di insinuarsi pienamente nel suo campo energetico, ma è comunque vulnerabile. In questa situazione, chiamata invasione parziale, lo spirito ossessionante può rimanere e molestare la persona in diversi modi. Chiamiamo questo tipo di 'pedinamento' un "attaccamento".

Per darne un esempio: venne da me una cliente molto angosciata. In passato, suo zio aveva provato ad abusare sessualmente di lei ma senza risultati. Qualche tempo dopo, lo zio morì, ma continuò ad apparirle in sogno. È interessante notare che la psicologia moderna avrebbe attribuito tali sogni solo al suo vissuto e all'elaborazione dei ricordi, non all'effettiva ingerenza dello spirito di una persona morta. Uno sciamano, però, sa che ci sono altre possibilità e che, anche se dovrà attraversare "zone d'ombra", esiste anche la possibilità di una vera soluzione. Per questa donna ho eseguito un rituale molto simile alla de-possessione che descrivo in dettaglio nel capitolo quattro. Anche se suo zio non si trovava veramente nel suo campo energetico, era rimasto comunque intrappolato nella realtà non ordinaria del mondo medio, e si poteva provare a persuaderlo che un destino decisamente migliore era a sua disposizione e, con l'aiuto degli spiriti compassionevoli, fui in grado di guidarlo nel suo passaggio verso l'altro lato.

La piena possessione, però, avviene più comunemente in modo molto semplice e, una volta che la si riconosce, anche abbastanza com-

prensibile. L'anima vagante, confusa e alla deriva, si tuffa semplicemente in qualunque essere umano vicino che presenti un sistema
energetico vulnerabile, ovvero una persona con una perdita d'anima
significativa. Anche se ci sono dei predatori del Mondo Medio che
sanno bene cosa stanno facendo, spesso non vi è alcuna delibera nelle
loro azioni. Potremmo paragonare un'anima vagante a una persona
sorpresa da una bufera che cerca riparo in qualsiasi posto disponibile. Spesso quindi non c'è niente di intenzionale da parte dell'anima
errante nel selezionare il suo ospitante. Allo stesso modo non c'è una
ragione particolare per cui l'ospitante attira uno spirito particolare.
Se ricordate l'analogia data in precedenza, l'intero evento è piuttosto
impersonale, come lo scorrere dell'acqua da un posto all'altro.

Di solito va così, ma con alcune eccezioni. Come suggerito prima,
vi è anche lo scenario in cui uno spirito predatore vero e proprio cat-
tura intenzionalmente le persone per asservirle e soggiogarle. Tale spirito può addirittura farlo diventare un "lavoro", abitando in una persona
fino alla morte , poi saltando in un'altra, vita dopo vita, in modo seria-
le . Anche se uno spirito di questo tipo sarà sicuramente un osso duro
per lo sciamano, di solito cede a un professionista qualificato. Il motivo,
che analizzeremo in modo più approfondito più avanti, è l'essenziale
umanità di questi spiriti. Nonostante il successo apparente del loro controllo e dominio, e le " ricompense" di cui sembrano godere, sono sostanzialmente bloccati e insoddisfatti, perché la possessione non allevia
veramente il conflitto irrisolto che li ha originariamente trattenuti qui.
Quindi sono vittime dei difetti del loro carattere e, anche se potrebbe
apparire diversamente, non hanno il controllo totale della situazione.

C'è ancora un terzo caso che merita un breve accenno. Non tutti
gli spiriti che si trovano nel Mondo Medio della Realtà non ordinaria, dopo la morte sono confusi, traumatizzati, o con cattive intenzioni.
Spesso, le anime di alcuni esseri che sono morti ritornano nel Mondo
Medio, dove agiscono come custodi di terre ancestrali o di luoghi
sacri o come protettori della loro discendenza. Queste anime possono essere considerate spiriti quasi compassionevoli, perché, anche se
svolgono disinteressatamente un servizio utile alla loro gente, attacca-
no chiunque minacci i loro discendenti o i loro luoghi, e lo fanno in
modo estremamente egoista e persino violento.

Questi spiriti del mondo Medio sono totalmente diversi dagli

Spiriti del Mondo Superiore e del Mondo Inferiore con cui lo sciamano lavora, la cui purezza ed intenzioni sono di gran lunga superiori all'egoismo e alla vendicatività umana.

✦

Quali Circostanze Favoriscono la Possessione? Come Possiamo Proteggerci?

Come abbiamo visto, ci sono reami che coesistono con il mondo fisico che siamo abituati a vedere, che gli sciamani chiamano Realtà Non Ordinaria. In questi reami esistono gli spiriti ed è possibile interagire con essi. Così come non vediamo le frequenze del wi-fi quando utilizziamo il computer, allo stesso modo non vediamo gli spiriti vaganti del mondo medio e alla deriva intorno a noi. In seguito alla loro morte, dopo la quale non sono passati oltre, questi spiriti tendono a vagare nella zona in cui sono morti. In posti dove si sono verificate guerre e calamità e dove c'è una notevole percentuale di morti, come ospedali e cimiteri, vi è una maggior concentrazione di anime vaganti.

Nel nord della California, dove vivo, ci sono numerosi spiriti erranti dei nativi americani che sono stati uccisi in nome del Destino della Nazione Americana (Manifest Destiny). In Europa, dove c'è stata una percentuale senza precedenti di stragi di massa nelle ultime due guerre, ci sono concentrazioni ancora maggiori. Trovo straordinario che la nostra società conosca la quantità di concentrazione di materie plastiche in parti remote del Pacifico e sia perfettamente conscia della congestione nello spazio causata da satelliti in orbita perpetua, ma rimane cieca alla congestione dello spazio in cui viviamo causata da entità disincarnate nella realtà non ordinaria del Mondo Medio. In verità, la nostra cultura e le nostre abitudini distruttive stanno causando una "esplosione demografica" nel Mondo Medio della realtà non ordinaria, e questo non è affatto un bene per l'igiene spirituale degli esseri viventi. Le antiche culture trattavano la morte della loro gente al fine di assicurarsi che le persone morte andassero oltre. Avevano tradizioni, rituali e pratiche sciamaniche che garantivano questo passaggio. Purtroppo la nostra cultura attuale non ha tale conoscenza. E come in tanti altri campi, aggrava semplicemente il problema con il rifiuto.

C'è qualcosa che dovremmo fare, quindi, per proteggerci dalla possibile invasione di queste anime vaganti? Sì, ma non ha niente a che vedere con amuleti magici o preghiere imploranti. L'unica vera protezione deriva dall'essere pieni di potere a livello energetico. Questo non significa che bisogna diventare una sorta di supereroe che trasuda energia speciale. Significa invece che abbiamo bisogno di mantenere una forte connessione con lo spirito, in modo da conseguire un'integrità fisica e psichica e il benessere che deriva dall'essere pieni di potere.

Ci sono numerose pratiche fisiche, psicologiche e religiose, che le persone usano per mantenersi centrate, in armonia e piene di salute che io rispetto moltissimo. Tuttavia, dal punto di vista sciamanico, ci sono pratiche distinte e specificamente designate per affrontare il tipo di vulnerabilità di cui stiamo parlando. Queste includono principalmente lo sviluppare una connessione con il mondo degli spiriti imparando il viaggio sciamanico, sviluppando una relazione con gli Spiriti Guida e gli Animali di Potere ed ottenendo guarigione sciamanica quando necessario. Anche se le altre pratiche possono servire alle persone in molti ambiti, non sono altrettanto adeguate in questo specifico caso. Le dinamiche delle varie forze potenzialmente negative del Mondo Medio della realtà non ordinaria sono specifiche e verificabili. Le pratiche di questa igiene spirituale da seguire per essere in buona salute, sono allo stesso modo specifiche e verificabili.

Tuttavia anche nelle pratiche sciamaniche bisogna stare alla larga dalle superstizioni, da rituali vuoti e speranze vane. Parleremo di questo argomento più dettagliatamente nel capitolo sei.

Le Anime Vaganti

Chi Sono Queste Persone?

In molte culture indigene esistevano rituali e pratiche che era possibile seguire per prepararsi alla morte attraverso l'esperienza intenzionale della realtà non ordinaria. Nella nostra cultura, ovviamente, non abbiamo questo tipo di preparazione, per non parlare del grande silenzio e rifiuto che circondano la transizione che chiamiamo morte. Dato che le anime vaganti di solito hanno subito morti improvvise, accidentali o tragiche per cui erano abbastanza impreparate, in esse sono incluse persone di qualsiasi classe sociale, religione, livello di istruzione e cultura: l'intera gamma della diversità umana. Potrebbero essere anche persone con diversi gradi di quella che potremmo chiamare normalità, e potrebbero anche possedere tratti caratteriali che potremmo chiamare anormali, o vizi. In casi estremi, gli spiriti possedenti potrebbero avere tratti assolutamente indesiderabili ed estremi, arrivando alla psicopatologia o alla criminalità. Per farla breve, lo spirito possedente potrebbe essere assolutamente chiunque.

Visto che rappresentano una sezione così trasversale dell'umanità, dobbiamo davvero smettere di concepire gli spiriti possedenti come cattivi, negativi, demoniaci, ecc. Detto questo, non voglio edulcorare la questione per il mio lettore, perché ci sono anche molti spiriti assolutamente cattivi e con intenzioni malvagie e gli effetti della loro possessione potrebbero tranquillamente giustificate questo giudizio. Ma, come enfatizzo in questo libro, l'anima vagante è solo quello: un'anima umana. E, come suggerisce la mia tradizione, un'anima umana, qualsiasi anima, merita di essere guardata con dignità e compassione. Perché questa persona, chiunque essa sia, merita ogni possibilità di sviluppo e progresso ulteriore lungo il Sentiero Principale della Vita.

Mettiamo da parte la nozione che queste siano figure forti e autoritarie. Di solito non lo sono assolutamente, anzi, sono spesso il contrario. Potrebbero essere persone morte sotto anestesia e confuse. O figure afflitte, sopraffatte dalle circostanze. O persone scioccate da traumi che non hanno potuto elaborare. Quello che queste anime hanno in comune è che sono umane, sono perse e hanno bisogno di aiuto.

È questo sentimento che ispira lo sciamano nel suo lavoro: il suo obiettivo è semplicemente portare l'aiuto di cui si ha bisogno. Anche se la richiesta di aiuto mi arriva dall'ospitante, la considero ugualmente un'opportunità di offrire aiuto all'anima perduta, se lui o lei lo permetterà. È vero però che quest'anima non ha esattamente richiesto il mio aiuto. E quando presento la mia offerta, potrebbe anche mostrare grande resistenza e ostinazione.

Basandomi sulla mia esperienza e su quella di molti miei colleghi, però, queste anime perdute possono essere aiutate ad andare oltre, e, soprattutto, lo fanno di loro volontà dopo essere state convinte da uno sciamano. Quando vedo un'anima perduta che viene aiutata ad attraversare la soglia dagli Spiriti Compassionevoli, so di aver fatto del bene non solo al mio cliente, ma anche all'anima perduta. Strano da dire, una delle più grandi differenze tra l'ospitante e lo spirito intrusivo può essere che l'ospitante aveva semplicemente un'idea più chiara che qualcosa non andava e doveva essere aggiustato.

Cosa Ottengono le Anime Vaganti dalla Possessione?

Cosa ne ricavano? Proviamo a immaginare, se riusciamo, la situazione di questa persona. Immaginiamo che un momento stiamo leggendo un libro, l'attimo dopo siamo senza corpo e non sappiamo cosa sia successo. Certo, non riusciamo **veramente** a immaginarcelo, ma possiamo provare a renderci conto del fatto che le anime perse hanno subìto uno shock inimmaginabile, sono confuse e alla deriva, e non sanno nemmeno di essere morte.

Ciò che viene loro offerto principalmente da una persona vivente con una perdita di potere sono l'energia e l'esperienza di questa persona. Insinuata nel suo corpo, l'anima perduta può percepire di nuovo cose, gustare il cibo, vedere il mondo, e partecipare indirettamente alla vita dell'ospitante. Essa può anche influenzare la vita della persona esprimendo i propri pensieri, le proprie emozioni, e tendenze di ogni tipo. L'ospitante offre un rifugio comodo in cui essa può avere un'esperienza simile alla vita umana, che sembra molto migliore dello stato incorporeo che stava sperimentando prima.

Detto questo, la sua è una versione offuscata e attenuata dell'esperienza dell'ospitante, senza la passione, l'intelligenza e le scelte fatte dalla persona vivente con integrità. Il suo è un mondo cupo, senza passato né futuro, senza riflessioni, senza aspirazioni, senza amici. E dato che sta vivendo un'esperienza nebulosa di quella che è essenzialmente una situazione innaturale, tutto questo è per natura insoddisfacente. Questo è un punto cruciale, perché, come vedremo nel prossimo capitolo, è proprio questa insoddisfazione che aiuta lo sciamano nel riuscire ad accompagnare queste anime oltre.

Come potrete capire dalla natura casuale della possessione, l'abbinamento tra il carattere dell'ospitante e quello dell'anima persa è aperto a infinite varietà. Un ospitante può essere abitato da un'anima perduta con tratti fortemente in contrasto o poco contrastanti con i suoi, o qualsiasi via di mezzo. Questo sicuramente produrrà diversi tipi di dinamiche ed esperienze. Un ospitante potrebbe anche essere invaso da un'anima perduta che ha un carattere relativamente passivo e che è contenta di stare seduta tranquilla sullo sfondo, per così dire. Ma anche uno spirito intrusivo così blando, si nutre attivamente del nostro campo energetico, evento decisamente dannoso di per sé.

Il Guaritore

Cos'è il Guaritore Sciamanico?

Un guaritore sciamanico è una persona con una particolare inclinazione che ha sviluppato quel dono per alleviare la sofferenza della comunità. Nelle culture indigene, il ruolo dello sciamano era, ed è, una parte intrinseca della vita della comunità e la de-possessione è spesso una delle tante abilità dello sciamano. Grazie alla capacità di navigare nella realtà non ordinaria, lo sciamano è in grado di interagire con diverse forze e di operare in sicurezza con intelligenza, intenzionalità e bontà. In particolare, lo sciamano stringe alleanze con una varietà di fonti spirituali potenti con cui lei o lui è in grado di collaborare.

Alla sola menzione dell'avere a che fare con spiriti invisibili, le nostre menti potrebbero concepire una varietà di immagini e associazioni negative, esagerate e addirittura spaventose. Vi chiederei davvero di scacciare queste associazioni. Il più delle volte ci sono state suggerite da scrittori e produttori di film il cui obiettivo era di creare e sfruttare i loro sensazionali prodotti. Non hanno niente a che fare con la guarigione benefica che io e molti miei colleghi abbiamo testimoniato e che i nostri clienti hanno sperimentato.

Chi Diventa un Guaritore Sciamanico?

Chi ha il dono di diventare un guaritore sciamanico? Abbiamo tutti doni diversi che ci vengono dati dal Creatore come parte della Divinità che abbiamo dentro di noi. L'importante è che il dono venga onorato e che gli sia dato l'addestramento e l'esperienza necessari per produrre buoni frutti. Proprio come una persona con un forte talento musicale deve studiare e allenarsi per appagare gli ascoltatori, così succede anche con lo sciamano. Il dono si manifesta dentro la persona e, come un musicista, lo sciamano deve trovare gli insegnanti e le circostanze che possano aiutarlo a sviluppare questo dono, questa vocazione.

Lo sciamanesimo è quindi un tipo naturale di sacerdozio, una chiamata, una vocazione che assume forme diverse, a seconda della cultura. Nelle società indigene quest' apprendistato può avvenire in una caverna, una tenda o in una foresta. In occidente può avvenire in casa, in una sala d'incontri, o in un ufficio privato. Non importano l'epoca o la cultura, l'importante è la sua autenticità che dipende dalla genuinità della connessione che viene forgiata tra il guaritore e lo Spirito.

Nei libri di Carlos Castaneda e altri, lo sciamano viene descritto come un estraneo, un solitario, un "pazzo" ispirato. Anche se sicuramente questi personaggi esistono, in occidente, e particolarmente nella mia tradizione, il guaritore è solitamente una persona ordinaria che ha soddisfatto le esigenze della carriera e della vita familiare tipiche della cultura occidentale. Ci conformiamo alle forme e alle convenzioni della società anche se il nostro lavoro è sicuramente al limite della comprensione e dell'accettazione convenzionale. Questo è uno dei motivi per cui gli sciamani di oggi spesso si autodefiniscono "praticanti sciamanici", una concessione alla terminologia accettata dalla cultura americana. È anche vero che non esiste un diploma o una certificazione che conferisca lo status di sciamano. Lo sciamano viene chiamato dallo Spirito, e questo rapporto richiede necessariamente una profonda umiltà da parte del guaritore. A questo proposito, Michael Harner offre la seguente osservazione diretta: "Le persone mi chiedono, "Come sai se qualcuno è uno sciamano?". Io rispondo, "È semplice: Compie dei viaggi in altri mondi? Compie miracoli?"[1]. Solo se il potere dello Spirito arriva attraverso una persona, avverranno delle guarigioni, e quella persona sarà uno sciamano.

Vorrei notare qui che, da quando la pratica sciamanica ha iniziato a fiorire nella nostra cultura contemporanea, si è sollevato un atteggiamento comune che considera i guaritori sciamanici indigeni più genuini e anche più efficaci di quelli che non sono nati in circostanze tradizionali. Ovviamente capisco e condivido profondamente il rispetto per i guaritori indigeni che hanno spesso mantenuto i loro "metodi" contrastando sfide difficili. Capisco anche come questo atteggiamento sia potuto sorgere dal fatto che i guaritori non indigeni spesso adottano alcune forme esterne ai metodi tradizionali.

Detto questo, i guaritori indigeni non hanno una superiorità intrinseca data semplicemente dal loro retaggio culturale. Gli Spiriti Compassionevoli della realtà non ordinaria sono di natura spirituale che trascende tempo, spazio e cultura. Le alleanze che formano con gli umani, i doni che offrono, non vengono distribuiti in base alla razza, alla cultura o al contesto. Entrando in questa nuova era, dobbiamo riconoscere che i veri guaritori spirituali attingono ad una fonte spirituale comune, quindi non ha senso imporre la nostra tendenza fin troppo umana a paragonarli ed evidenziare differenze tra loro.

Chi Guarisce?

Qualsiasi praticante sciamanico autentico vi dirà subito che non è lui, ma gli Spiriti Compassionevoli che lavorano attraverso di lui, a essere i guaritori. E questo vale anche quando ci sono anime intrusive che vengono aiutate a passare al livello successivo dagli Spiriti Compassionevoli che rimangono in attesa, per facilitare il loro passaggio dall'Altro Lato. Anche la persona che viene guarita ha un

---

1   NDT: Tratto da: "La Guarigione Sciamanica: Noi Non siamo soli." Intervista di Bonnie Horrigan per Alternative Therapies. Traduzione a cura di Lorenza Menegoni

ruolo importante, perché il suo coraggio, la sua intuizione e il suo desiderio dell'anima sono elementi importanti della guarigione. E per l'integrazione che segue la de-possessione, le risorse interne della persona, situate nelle profondità misteriose del nostro essere, sono fattori significativi. È un fatto magnifico e inspiegabile che uno sciamano possa essere un canale attraverso cui la nostra rivelazione interiore possa essere condotta a noi.

Per essere corretti, però, devo dire che un vero sciamano è anche un agente di guarigione. Utilizzando i consigli ricevuti dagli spiriti guida, uno sciamano può diventare un abile diagnosta delle cause spirituali delle malattie in reami che molti di noi potrebbero sentire o intuire, ma che non sanno vedere, navigare o usare. Lavorando con strumenti come le mani, la voce e il suono (tamburi, sonagli e campane) uno sciamano è in grado di manifestare il potere guaritore emanato dai suoi Alleati con grande immediatezza e potere, in modi che le persone possono trovare sorprendenti. Queste abilità più tecniche sono strettamente collegate a una conoscenza della psicologia umana e a un cuore umano entrambi molto sviluppati.

"Strumenti del Mestiere"

Io stesso sono un praticante sciamanico che ha studiato la tradizione dello Sciamanesimo Transculturale. Lo sciamanesimo transculturale è un movimento della rinascita moderna dello sciamanesimo, fondato da Michael Harner, che ha raggiunto un riconoscimento mondiale. Combinando le sue iniziazioni ed esperienze sciamaniche personali con lo studio rigoroso delle tradizioni sciamaniche di tutto il mondo, Harner ha cercato di identificare i concetti base fondamentali della pratica sciamanica comuni a tutte le tradizioni, spoglie dei loro finimenti culturali e religiosi. Il risultato è stato un corpo di conoscenze che hanno reso la pratica dello sciamanesimo sia accessibile che accettabile dagli uomini e dalle donne occidentali. Ha anche dato vita a una tradizione di insegnanti che hanno stabilito un'alleanza genuina con gli Spiriti Aiutanti.

In questa nuova tradizione vengono usati alcuni strumenti antichi che si usavano in passato. Nel mio lavoro questo include l'uso di tamburi, sonagli e campane, e bruciare erbe come la salvia, il cedro e la gliceria. Queste vengono usate come parte di rituali che creano l'atmosfera appropriata per aiutare a eliminare energie bloccate o negative e favoriscono la connessione con il sacro. I vari riti hanno anche un impatto diretto sia sul campo energetico del cliente che del guaritore.

Prendiamo, ad esempio, l'uso dei tamburi, dei sonagli e delle campane. La scienza moderna ci dice che il battito ritmico di un tamburo o di un sonaglio, come usato dai guaritori indigeni in tutto il mondo (da 3 a 4,5 battiti al secondo), crea onde Theta nella nostra attività cerebrale. Questo ci porta a quello che viene chiamato stato Theta, in cui è possibile ricevere delle intuizioni di molti tipi non recepibili nei nostri stati più usuali, Alpha e Beta. I ricercatori hanno verificato che lo stato Theta può aumentare la nostra creatività, migliorare l'apprendimento, ridurre lo stress e anche risvegliare la nostra intuizione e percezione ultrasensoriale.

Nello sciamanesimo, lo stato Theta è prodotto dalla percussione sonora e viene poi usato per facilitare quello che viene chiamato il "viaggio", che è l'esplorazione della realtà non ordinaria. Uno sciamano è una persona che ha esperienza nel navigare e agire nella realtà non ordinaria, cioè dove risiedono gli Spiriti Compassionevoli e dove in gran parte avviene il processo di guarigione.

Sciamani da tutto il mondo usano anche preghiere e invocazioni. Queste sono parole pronunciate (che ovviamente riflettono intenzioni e sentimenti non detti) che articolano le nostre speranze di guarigione e il nostro rispetto per gli Spiriti Compassionevoli che stiamo invitando a partecipare. Io invito i miei clienti a condividere queste invocazioni, a voce alta o in silenzio, per essere allineati con i nostri sentimenti e le aspirazioni. Una preghiera è un soggetto molto sfaccettato, e molti dubitano della sua efficacia. Nel caso di sciamani esperti che hanno una relazione efficace con gli Spiriti, ciò che direi principalmente riguardo a questo aspetto è che alle loro preghiere vengono date risposte! Le guarigioni prodotte sono risultati tangibili delle preghiere. Ed è questo che dà alle guarigioni sciamaniche una qualità mistica, benché lo sciamanesimo non sia una religione di per sé e abbia una forma abbastanza diversa dalle religioni a cui siamo abituati.

Il mio obiettivo principale quindi è creare un ambiente che piaccia agli Spiriti, che sia congeniale ai miei clienti e che favorisca la guarigione. Anche se questo ambiente può apparire strano all'occhio moderno, direi che questo accade solo perché l'occhio moderno è diventato cieco. La nostra cultura conosce solo la pratica della guarigione fisica svolta in una stanza asettica, preferibilmente con tavoli di acciaio inossidabile, da qualcuno che indossa una divisa bianca inamidata e magari una mascherina di carta per proteggersi dai germi. Non siamo ancora abituati all'idea della guarigione spirituale, che è egualmente reale e ha requisiti diversi.

Nelle diverse tradizioni sciamaniche l'atmosfera creata ritualmente, un appello al sacro e la purezza di intenti, sono tutte parti del processo di guarigione. A questo scopo, il guaritore può indossare vesti simboliche e manufatti, come vediamo dagli abiti e dai copricapo dei nativi americani e dai costumi di spiriti animali di altre culture sciamaniche nel mondo. Nello sciamanesimo moderno occidentale ci vestiamo come pensiamo sia consono. Ad alcuni praticanti piace indossare elementi come un abito cerimoniale che si ispira a diverse tradizioni, perché si adatta alla loro sensibilità ed estetica. Altri indossano semplicemente qualcosa di comodo. Nel mio caso, ad eccezione di cerimonie speciali, indosso spesso jeans e T-shirt.

La Visione Sciamanica e la Navigazione nella Realtà non Ordinaria

Gli sciamani sono in grado di lavorare nella realtà non ordinaria, o Stato Sciamanico di Coscienza, perché hanno sviluppato la capacità della percezione sciamanica, chiamata anche "vedere con il cuore". Gli sciamani sanno che il cuore non è solo una pompa o un muscolo; è anche un organo di percezione. Vorrei descrivervi come avviene questa percezione sciamanica.

Ognuno di noi è in grado di funzionare nel mondo fisico perché può vedere persone, creature e oggetti che gli appartengono, e perché ha la capacità fisica e mentale di interagire e comunicare con essi. Allo stesso modo, a uno sciamano viene data la capacità di "vedere" nella realtà non ordinaria e di comunicare e compiere diverse azioni in questi reami. Ho messo la parola "vedere" tra virgolette perché si può vedere in altri modi oltre che con gli occhi.

Avete mai visto una fotografia di Kirilian che mostra le aure degli oggetti fisici come colori? Nelle foto di Kirilian fatte agli esseri umani, si può vedere che l'energia può superare di molto le barriere del corpo fisico. Queste foto danno una conferma concreta della realtà del campo energetico umano. Essendo in armonia con quella dimensione, lo sciamano è in grado di percepire direttamente i campi energetici delle altre persone e delle entità spirituali dell'ambiente. Questa modalità immediata di percezione consiste di informazioni che vengono trasmesse attraverso un "canale" diverso dalle impressioni che riceviamo dai nostri cinque sensi.

Quando vediamo un'altra persona, siamo colpiti dal suo corpo, dai suoi movimenti, dalla faccia, dai vestiti, dalla voce, e dalle parole che dice. Dal punto di vista della percezione sciamanica, tutto questo è una distrazione.

Tutte le impressioni fisiche che una persona lascia su di noi, tutte le attrazioni naturali, le avversioni, le opinioni che suscita in noi hanno poco a che fare con i fenomeni degli Spiriti. Per questa stessa ragione hanno poco a che fare con il processo di guarigione spirituale, e dunque focalizzarci su queste distrazioni, ostacola l'abilità dello sciamano di diventare un osso cavo. Ogni esperienza sciamanica si differenzia, e diversi individui tendono a sviluppare diverse modalità sensoriali che sono in loro innate. Uno sciamano può immaginare più fortemente, mentre un altro può sentire più visceralmente, o può avere delle sensazioni uditive o impressioni mentali forti. In ogni caso, quello che conta qui è che lo sciamano può "vedere" e comunicare con gli spiriti erranti e con gli Spiriti Guida, gli Animali di Potere e altri esseri della realtà non ordinaria. Ed è appunto il fatto stesso di essere in grado di "vedere" questa invisibile realtà non ordinaria che rende il lavoro dello sciamano così "magico".

Capitolo III

Preludio alla De-Possessione: Chi Ha Bisogno di Aiuto e Come Trovarlo

Se abbiamo mal di denti, andiamo dal dentista. Ma quando c'è un problema psicologico o emozionale, affrontiamo una varietà sconcertante di possibilità. Ci sono psichiatri, ovviamente, che arrivano da "scuole" con approcci e tecniche molto diversi. Poi ci sono gli psicologi, che presentano una vasta gamma di abilità e filosofie. L'obiettivo di molti approcci psicologici è di aiutare la persona a coltivare pensieri e abitudini migliori, dando poco peso però all'origine spirituale del problema. Altri suggeriscono una relazione prolungata cliente-terapeuta, con obiettivi di comprensione e cambiamento a lungo termine. E, ovviamente, vengono spesso prescritti farmaci per modificare la chimica del cliente in modi considerati utili.

Sicuramente ci sono molti tipi di terapeuti dotati che aiutano i pazienti in modi straordinari. Ma se ci interroghiamo su cosa stia veramente causando il loro problema, questi professionisti di solito offrono una teoria, ma non una soluzione. E quando una persona ospita uno spirito intrusivo e inizia a mostrare comportamenti problematici o insoliti, questi approcci sono, nel migliore dei casi, dei palliativi, ma non affrontano, né tanto meno eliminano, la causa del problema. La de-possessione sciamanica invece, con una susseguente guarigione specifica ed appropriata, può rimuovere il problema.

Rimuovere il problema? Sì, lo so, è un'idea scioccante a cui molte persone faticano a credere.

La psicologia moderna ci ha portati a credere che i problemi psicologici abbiano un background lungo e che anche la loro soluzione parziale abbia un futuro esteso. Infatti, viene spesso dato per scontato che le cause siano sommerse nei meandri del tempo, in regioni inesplorate di una psiche definita vagamente. La guarigione sciamanica invece è basata su un modello completamente diverso. Non solo offre un approccio alternativo completamente diverso per la cura, ma, in alcuni casi, offre una maggiore, e probabilmente unica, promessa di successo. Come si fa a sapere però quando c'è bisogno di una guarigione sciamanica?

🦅

Sintomi della Possessione

Non è difficile redigere una lunga lista di sintomi che riconducono alla possessione e che vengono curati dalla de-possessione. Questa lista include malattie mentali e fisiche di molti tipi, blocchi energetici, stress emotivo, dipendenze, negatività, debolezza, fobie, e confusione di identità e genere. Le persone sono spesso curiose di sapere come questi diversi sintomi esprimano il carattere dello spirito intrusivo e come questo possa trasformarsi nell'esperienza dell'ospite. Come potete ben immaginare, questa è un'area ricca di storie affascinanti e di speculazioni di ogni tipo. Quando le persone mi chiedono come i sintomi possano collegarsi allo spirito intrusivo, però, di solito le deludo, perché dico loro che mi interessa poco "lavorare all'indietro" partendo dalla sintomatologia, dato che non contribuisce alla mia abilità di fare una de-possessione. Infatti, la trovo solo una distrazione. Ma perché?

Se la mia diagnosi spirituale (che spiegherò più avanti) indica un caso di possessione, il mio interesse è arrivare direttamente alla fonte del problema, certo che una volta riuscito a permettere all'anima perduta di passare oltre, qualsiasi sintomo associato sparirà. Di solito il lavoro di controllo successivo, che affronta la perdita di potere presente all'inizio, allevia i disagi che il cliente lamentava, insieme con altri disagi che magari non aveva espresso. Niente di quello che faccio, quindi, dall'inizio alla fine, si basa minimamente sulla sintomatologia. Affrontando direttamente la fonte del problema, posso eluderla completamente.

Questo approccio rende le cose più semplici e sicure, poiché i sintomi sono un terreno scivoloso con molte variabili di cui non si può mai essere sicuri. Ad esempio, se una persona continua a sentire voci che le dicono di fare qualcosa di strano o addirittura violento, devo sorvolare questi sintomi perché la mia preoccupazione è di affrontare la causa di queste voci. Curiosamente, i sintomi diventano, invece, un soggetto di interesse dopo che lo spirito intrusivo è andato oltre. Avendo sofferto di questi sintomi per un certo periodo, il cliente può verificare empiricamente se c'è stato o meno un cambiamento positivo. A quel punto, essi diventano utili per testare la guarigione del paziente, come spiego nel Capitolo sei, ma non come aspetto significativo iniziale per la sua de-possessione.

Significa quindi che non mi interessano i sintomi del cliente? Certo che sì. Sono mosso continuamente, ogni giorno dalla sofferenza, dalla resistenza, dal coraggio, dalla tenacia dei clienti che mi hanno impressionato molto con la profondità dello spirito umano. Quando incontro un cliente, ascolto la sua storia, con tutti i dettagli e le emozioni che sente il bisogno di aggiungere per raccontarla. Voglio conoscere questo essere umano che si è rivolto a me! Con questo obiettivo più ampio potrei allora fare domande sui suoi sintomi, ma non per chiarire qualcosa sulla guarigione che intendo fare. Lo faccio perché crea un legame di comprensione e fiducia tra di noi. E questo, ovviamente, non è poco. Anche se potrebbe non essere collegato direttamente all'"azione" del mio lavoro di guarigione, non riesco a pensare a niente che possa favorire maggiormente la riuscita di una guarigione che una sentita relazione umana tra cliente e guaritore. Allo stesso modo, è importante che l'empatia dello sciamano non interferisca con la sua capacità di diventare un "osso cavo" attraverso cui gli Spiriti Compassionevoli operano la guarigione.

Diagnosi Spirituale

La de-possessione è necessaria solo quando una persona è diventata ospitante di uno spirito intrusivo. Quindi, se una persona sta lottando con un problema di salute, emozionale, psicologico, come posso sapere se questo sia dovuto alla possessione e non ad altre cause psicologiche o fisiche? Ho scoperto che alcune persone sentono intuitivamente che stanno subendo una possessione, ma potrebbero avere ragione oppure sbagliarsi. Altri potrebbero anche non aver nemmeno valutato questa possibilità. Chiaramente, dunque, deve esserci un processo di diagnosi in cui viene determinato se c'è, di fatto, uno spirito intrusivo che sta contribuendo ai problemi del cliente. E quindi, proprio come un medico esegue una diagnosi per determinare di che tipo di cura si ha bisogno, così anche lo sciamano fa una diagnosi, in modo più mistico ma molto efficace. In questo, come nelle altre cose, lo sciamano non lavora come umano, da solo, ma con gli Spiriti.

Per prima cosa, lo sciamano riceve il permesso del cliente di procedere con la diagnosi spirituale. Una volta che questo gli viene concesso, lo sciamano "viaggia" nella realtà non ordinaria, cioè il reame spirituale dove comunica con gli Spiriti Guida o Animali di Potere, con i quali ha sviluppato forti legami o alleanze. Proprio come un dottore potrebbe avere una varietà di colleghi con cui si consulta per risolvere diversi tipi di problemi, così lo sciamano richiede l'aiuto di alleati specifici che hanno accettato di aiutarlo in particolari tipi di situazioni. Quindi sono principalmente questi Spiriti che fanno il lavoro diagnostico, con lo sciamano che fa da "osso cavo". Un viaggio diagnostico è un viaggio specifico che lo sciamano fa per incontrare questo/i Spirito/i Guida, a cui poi rivolge domande sulla natura di un problema preciso e su cosa possa essere fatto per attenuarlo.

La risposta ricevuta comprenderà i passi specifici da seguire, che possono includere diversi tipi di guarigione insieme all'ordine in cui devono essere svolti. Una volta completato il viaggio, lo sciamano avrà il suo piano d'azione, la sua prescrizione, per così dire. Questa diagnosi spirituale potrebbe anche includere altre forme di guarigione come il recupero dell'anima e l'estrazione di intrusioni. In alcuni casi, un ospitante potrebbe anche ospitare due o tre spiriti intrusivi. Uno di loro potrebbe essere più in profondità degli altri, nascosto dietro di essi, per così dire, e potrebbero servire diverse sessioni per spianare la strada prima che si possa affrontare questo spirito.

L'analisi e la guarigione spirituale non hanno il compito di risolvere problemi che possono essere curati con la medicina allopatica. Mi assicuro che il cliente capisca che io affronto solo le cause spirituali della disarmonia, e non fornisco mai consigli medici. Se mi vengono descritti sintomi debilitanti che potrebbero causare problemi fisici, posso chiedere al cliente quando si è fatto visitare da un dottore di recente, poiché un numero infinito di altri fattori potrebbe stare contribuendo al suo stress. In questo caso, il mio cliente potrebbe affiancare al lavoro fatto con me un approccio medico, dato che non ci sono conflitti tra i due.

Grazie a questo viaggio diagnostico, quindi, lo sciamano sa chiaramente se la possessione sta avendo un ruolo nel problema che presenta il cliente. E, se ce l'ha, sa anche se la de-possessione è necessaria. Mi chiederete ovviamente: se c'è uno spirito intrusivo, come può la de-possessione non essere necessaria? A questo posso solo rispondere che è qualcosa che non capisco né decido io. Come ho cercato di spiegare, lo sciamano serve come veicolo per la guarigione. La guarigione non è un atto di volontà personale come la concepiamo normalmente. Per generalizzare, posso dire che non tutte le malattie sono necessariamente negative e che a volte servono da avvertimento. Quello che posso affermare con una certa sicurezza, è che ho imparato a fidarmi delle intenzioni benefiche degli Spiriti Guaritori, e della calibrazione precisa della loro risposta ai veri bisogni della nostra anima. Per farla breve, ascolto quello che gli Spiriti mi dicono.

Come so che quello che mi dicono è affidabile? So che è affidabile perché funziona. Se non producessi risultati reali e positivi, non farei questo lavoro. E aggiungerei che la de-possessione sciamanica non sarebbe usata nelle tradizioni spirituali di tutto il mondo da sempre. Come ha detto Stanislav Grof a proposito della guarigione metafisica, "si può capire senza ottenere risultati, e si possono ottenere risultati senza capire". Quest'affermazione potrebbe lasciare perplessi molti uomini e donne moderni, ma ha perfettamente senso per chi è sufficientemente umile nei confronti del grande Mistero in cui viviamo.

In alcuni casi in cui la de-possessione viene indicata dagli spiriti, parlo della cerimonia con il cliente, se sento che esso è preparato a livello emotivo. Se una persona è venuta da me per la guarigione di problemi fisici o emozionali, posso descrivere la cerimonia come un "lavoro con gli spiriti" senza usare veramente la parola de-possessione. Proprio come uno psicologo condivide con il cliente percezioni idonee al suo stato emotivo e ai suoi bisogni, così lo sciamano lavora intuitivamente nel crogiolo della fiducia che si è stabilita. Il resoconto in prima persona di una de-possessione che ho fatto, alla fine del libro, illustra abbastanza bene questo principio.

Una volta stabilito che la de-possessione può essere utile, possiamo procedere direttamente, o, a seconda della situazione, prendere un appuntamento per un'altra sessione. In ogni caso, questa diagnosi spirituale è un momento favorevole, perché la possessione è la causa sottostante di molti problemi che anche lo psicologo o il dottore meglio intenzionati non possono risolvere. A questo punto, il guaritore sciamanico è veramente "lo strumento giusto per il lavoro", e può essere una benedizione sia per il cliente sia per l'anima "perduta."

Come Fanno le Persone ad Arrivare alla Guarigione Sciamanica

Quindi, se una persona è stressata o sta soffrendo, come fa ad arrivare alla guarigione sciamanica? Succede in modo diverso per persone diverse. Alcune vengono subito attirate dall'idea o dall'esteriorità dello sciamanesimo, spesso basandosi sulle loro simpatie o contatti con le tradizioni dei nativi americani. Altri hanno letto qualcosa a riguardo che è stato allettante, stimolante, o convincente. Ci sono tantissimi libri e c'è molto materiale su Internet. Molti sciamani oggi hanno siti internet. E molti non praticanti scrivono a riguardo. Detto questo, si possono anche trovare tantissime ingenue insensatezze, mera finzione, e sciocchezze. Per questo ho incluso una bibliografia nel Capitolo otto. Lì troverete alcune fonti scritte chiaramente, materiale affidabile su aspetti diversi dello sciamanesimo. Questo dovrebbe darvi una solida visione d'insieme sull'argomento, e permettervi di iniziare con il tipo di materiale autentico che vi potrebbe essere congeniale.

Le persone arrivano allo sciamanesimo anche tramite altre vie. Potrebbero ricevere qualche tipo di shock o esperienza interna che rivela loro che lo sciamanesimo è il modo in cui saranno guariti. Potrebbero fidarsi di un amico o di un parente che ha fatto una guarigione sciamanica o che ha sviluppato un interesse verso lo sciamanesimo. Altri potrebbero essere attirati da una lezione o da un workshop. Alcune persone vengono portate allo sciamanesimo dalla disperazione. Hanno già provato i dottori allopatici. Hanno provato diete e cure erboristiche. Hanno provato qualsiasi approccio esistente ma non hanno avuto risultati.

A questo proposito, devo dirlo: è veramente un peccato che una forma di guarigione così personale, naturale, efficace, umana, non invasiva e poco costosa sia stata, fino alla rinascita iniziata alla fine degli anni '60, ai margini della società e sia stata vista spesso con perplessità nella nostra cultura. Possiamo solo essere grati che la marea stia cambiando e le persone si stiano svegliando alle correnti più profonde delle tradizioni spirituali mondiali. Detto questo, considerata la posizione odierna della nostra cultura, l'approccio iniziale delle persone alla guarigione sciamanica comporta un successivo processo di apprendimento e di scoperta.

🦅

Sentirsi a Proprio Agio con lo Sciamanesimo

Dato che lo sciamanesimo è qualcosa di nuovo per la maggior parte delle persone, è probabile che esse abbiano bisogno di fidarsi. Devono superare diverse possibili riserve, cosa che posso capire bene. Un giorno stavo parlando al telefono con un signore che era fortemente interessato a essere guarito ma trattenuto a causa della sua reticenza verso lo sciamanesimo. Poi una notte fece un sogno. Nel sogno era notte fonda, era da solo in una casa nei boschi, in una proprietà isolata da tutto. Sentendo il rumore di un motore fuori, corse alla finestra trepidante. Chi poteva essere a quell'ora? C'era un vecchio catorcio americano accostato vicino alla casa, con sei indiani d'America grossi, maturi e amichevoli seduti dentro. Il suo sogno era iniziato con una nota minacciosa ma aveva preso un risvolto caldo, addirittura comico. Si svegliò di soprassalto.

Mi chiamò il giorno dopo e mi raccontò del sogno.

"Cosa ne pensi?" Mi chiese.

"Cosa ne pensi tu?" Chiesi io. Quella fu la sua svolta, lo vide come messaggio dello Spirito e dato che associava lo sciamanesimo agli indiani d'America, decise di fissare un appuntamento. Curiosamente, durante il nostro lavoro insieme, sviluppò un legame emotivo con gli Spiriti degli indiani d'America. Lavorando con gli Spiriti, riuscimmo ad aiutare questa persona a liberarsi da alcune questioni molto problematiche per cui è grato ancora oggi.

Per un'altra cliente titubante, la svolta fu la sincerità degli Animali di Potere. Non riusciva a vedere cosa avessero a che fare gli animali con la guarigione e la spiritualità. Anche lei sognò. Nel sogno si stupì di trovare una volpe che si avvicinava. La cacciò, urlando forte, piena di paura. La volpe però si allontanò solo di poco, e poi si accoccolò lì vicino sul terreno, guardandola. Lei andò di nuovo alla carica, battendo i piedi forte e urlando. La volpe si allontanò di nuovo, ma solo di qualche passo. E si accoccolò di nuovo sul terreno, guardandola.

Questo strano atteggiamento mise un freno al suo slancio. Non la cacciò la terza volta. Invece, guardò la volpe dritta negli occhi. Lì, si stupì di vedere occhi e muso pieni di gentilezza, dolcezza e simpatia, qualità che colpirono a fondo il suo cuore. Vedendole, si chiese perché aveva cacciato la volpe così violentemente. Quando si svegliò nel suo letto e si sedette, il suo comportamento nel sogno la riempì di dolore. Sopraffatta dalle emozioni, si scusò interiormente con la volpe, piangendo per la separazione da quella bontà. Anche lei era pronta alla guarigione sciamanica.

A chiunque stia leggendo questo libro che abbia avuto riserve simili, suggerirei semplicemente di rendersi disponibile alle influenze sciamaniche che hanno già trovato il modo di arrivare lui o a lei. Questo potrebbe includere leggere un libro sullo sciamanesimo, guardare foto, fare sogni vividi di animali o parlare semplicemente della questione con amici o altre persone. Potrebbe includere riflettere sui dubbi che vi preoccupano, quello che rappresentano, e da dove provengono.

Scegliere uno Sciamano

Quando siete pronti ad andare avanti, la scelta dello sciamano è una questione importante. Il primo motivo per cui la vostra scelta è importante è che volete dei risultati reali. Uno pseudo-sciamano dilettante e sedicente non li produrrà. Il secondo motivo, che è ugualmente importante, è che state affidando voi stessi alle cure di un'altra persona per quanto riguarda la vostra anima. Dovrete decidere abbastanza attentamente.

Oggigiorno, ci sono molte correnti di pratiche sciamaniche nel mondo: molti insegnamenti e molte scuole che si sono sviluppate in diversi paesi, gruppi etnici, e religioni. Anche se conosco molte di queste, il mio sapere non è sistematico e non sono nella posizione di agire da giudice in questo. Dalla mia esperienza personale, però, **posso** dire che un buon punto d'inizio è la Foundation for Shamanic Studies[1], che è dove io stesso ho studiato. Posso garantire sia la serietà che l'integrità della formazione della Foundation, e la qualità e l'efficienza dei suoi diplomati, di cui conosco buona parte e con cui continuo a lavorare. Nel Capitolo otto troverete i contatti della Foundation e di Sandra Ingerman; entrambi offrono una lista di diplomati che praticano lo Sciamanesimo.

Se contattate qualcuno della Fondazione o andate da un guaritore di un'altra tradizione da cui vi sentite attratti, il miglior consiglio che vi possa dare è questo: prendetevi tutto il tempo di cui avete bisogno, fate tutte le domande che dovete fare, ascoltate le vostre intuizioni, seguite il vostro cuore, e andate dove vi sentite a vostro agio. Non abbiate paura di parlare o di incontrare diversi praticanti fino a trovare quello che sembra giusto per voi. La vostra fiducia nel guaritore ha un ruolo fondamentale nel successo che sperimenterete. È anche vero, come abbiamo visto con i miei sognatori, che anche quando trovate la persona giusta, potrete avere sentimenti contrastanti. A parte la "stranezza" continua che potrete provare nei confronti dello sciamanesimo, lo sciamano è un essere umano che evocherà delle reazioni umane in voi come farebbe qualsiasi altro professionista con cui potreste lavorare da vicino. Quindi, anche se avete tutto il diritto di aspettarvi cose fantastiche, è inverosimile aspettarvi un cavaliere senza macchia che soddisfi tutte le vostre aspettative.

🦅

La Questione Materiale

Questo soggetto sarebbe incompleto se non toccassimo l'aspetto del pagamento. Un buono sciamano è un professionista esperto

---

1   NDT: fondazione per gli studi sciamanici.

che offre un servizio di valore. Nelle culture tradizionali, lo sciamano era spesso benestante perché le persone ritenevano che i servizi che offriva fossero di grande valore, poiché lo sciamano produceva risultati. La maggior parte degli sciamani oggi applica tariffe che rientrano nei canoni degli altri professionisti della guarigione, sia tradizionali che alternativi. Non ho studiato la questione, ma sicuramente c'è un "alto" e un "basso" prezzo, e questi non corrispondono necessariamente alla qualità delle attenzioni ricevute. Conosco sciamani che lavorano anche con una scala indicizzata o addirittura con il baratto in caso i clienti abbiano difficoltà economiche. Nelle chiese Spiritiste, i cui membri praticano la guarigione spirituale che include quella che chiamano la "dis-possessione", non chiedono mai denaro. La tradizione Spiritista, che ha origine in Brasile ma che sta ora crescendo negli Stati Uniti, considera la guarigione come un'espressione della propria religione, che non può essere oggetto di commercio. Ad ogni modo, sono felice di aver visto che il "commercio" dello sciamanesimo non è basato sul profitto senza scrupoli, ma di solito è sotteso da una consapevolezza rispettosa, che riflette le intenzioni positive di diminuire le sofferenze con integrità, e da una disponibilità sincera di tutti quelli chiamati in gioco.

Devo anche aggiungere che ci sono pseudo-sciamani senza scrupoli e guaritori mistici sedicenti di vario tipo che potrebbero non sapere cosa stanno facendo e potrebbero chiedere cifre esorbitanti o addirittura oltraggiose. Che siano convinti di ciò che fanno o lo facciano per i soldi, sono pronti a sfruttare persone disperate o ingenue. Sapendo ciò, se usate il fiuto di un serpente e il cuore di una colomba, dovreste essere in grado di riconoscerli facilmente ed evitare queste persone.

✦ ✦ ✦

Ora che abbiamo capito il contesto in cui avviene la de-possessione nella nostra cultura e i diversi modi in cui le persone arrivano alla guarigione sciamanica, siamo pronti a guardare l'atto della de-possessione stessa, che è il soggetto del prossimo capitolo.

Capitolo IV

L'Atto della De-Possesione

L'ambiente: Rituale e Cerimonia

La de-possessione è un atto molto significativo sia per il cliente sia per l'anima perduta. Per questo merita un ambiente che le renda onore e che favorisca il suo successo. Ci sono alcuni punti che accomunano gli sciamani di oggi. Il primo è far sì che il cliente sia rilassato e a suo agio. Di solito si trova uno spazio pulito, tranquillo e privato, con luce soffusa e arredamento confortevole, in una casa o in un ufficio. Spesso vi è un certo numero di altre cose, quali cuscini, tappeti, arte sacra e manufatti, che rendono l'ambiente non solo sicuro e confortevole, ma bello e significativo. Lo sciamano spesso brucia alcune erbe sacre durante molte cerimonie di guarigione, usando talvolta invocazioni e canzoni, sognagli e tamburi per chiamare gli spiriti compassionevoli e mettere in atto la guarigione.

Più importante dell'ambiente, però, è lo spazio psicologico ed emozionale procurato dallo sciamano, che si percepisce come una fiducia profonda e, anche se non si scambiano molte parole, la sensazione di sicurezza, di non essere giudicati, di essere in buone mani: tutto ciò viene percepito a livello non verbale. Come ho già citato, sono felice di parlare tutto il tempo necessario con il cliente per creare un caloroso legame umano. Lo scambio non verbale che avviene al di là delle parole, però, è l'evento principale. C'è però un altro uso importante delle parole, ovvero preghiere e invocazioni. È giusto esprimere le nostre intenzioni, esprimere la propria sincerità e gratitudine, e riconoscere la presenza degli Spiriti aiutanti. Molte culture hanno capito che la de-possessione è essenzialmente un rito sacro ed è quello l'approccio migliore. Quest'invocazione devota è abbastanza diversa dalle preghiere che si recitano normalmente, perché non è una richiesta o una supplica per una cosa di cui abbiamo bisogno. È invece un ringraziamento per quello che abbiamo già, e un riconoscimento del nostro umile status di fronte agli Spiriti, senza i quali siamo davvero piccoli e impotenti. Le invocazioni e le preghiere hanno forme diverse a seconda dello sciamano, e vengono determinate dalla natura della relazione e degli accordi che lo sciamano ha con particolari Spiriti.

L'Atto in Sé

Anche se tutte le de-possessioni hanno alcuni elementi in comune, non ne esistono due uguali. E non possono essercene di uguali perché la de-possessione è un evento molto personale in cui interagiscono tre dinamiche:

- La conoscenza, la personalità e le capacità del guaritore e il potere degli Spiriti Aiutanti del guaritore;
- Il carattere e la propensione dell'ospitante, e
- Il carattere e la propensione dell'anima perduta.

Il guaritore lavora con queste dinamiche durante questo evento variabile in tempo reale. Come potete vedere, quindi, è un processo che richiede abilità e sensibilità. Anche se la parola de-possessione ha un suono clinico, posso assicurarvi che è un processo profondamente umano.

Ora spiegherò come avviene il processo. Sono stato molto selettivo su cosa condividere perché non voglio né incuriosire né soddisfare la curiosità del lettore. E questo libro non è assolutamente un manuale per de-possessioni amatoriali. Il mio obiettivo è aiutare uomini e donne moderne ad apprezzare la veridicità della de-possessione, la sua natura benigna e benefica, e permettere ai lettori di trovare il tipo di aiuto per cui stanno pregando, per loro stessi o per i loro cari.

La diagnosi spirituale che ho descritto nel Capitolo tre, può avvenire durante una sessione precedente a quella della de-possessione o precedere immediatamente la de-possessione stessa. Come ricorderete, in questo viaggio diagnostico lo sciamano riceve un "piano d'azione" che potrebbe richiedere una precisa sequenza di sessioni di guarigione, e potrebbe anche includere estrazioni e/o recuperi dell'anima, con la de-possessione magari posticipata a una sessione successiva. A questo proposito, il permesso datomi dal cliente di procedere con la guarigione mi dà un'utile flessibilità di movimento all'interno delle barriere etiche.

Dopo il mio viaggio diagnostico generalmente non dico al cliente che lo spirito di una persona morta è entrato nel suo campo energetico e che deve essere rimosso. Anche per un cliente preparato spiritualmente, quest'idea potrebbe essere molto pesante e di nessun aiuto. Quindi, dato che mi è stato concesso il permesso di guarire, sono libero di compiere le diverse azioni necessarie per portare la guarigione, ma continuando a chiarire i parametri di quel permesso con il cliente. Lasciate che mi ripeta: è il mio legame con cliente a livello viscerale che getta le basi per tutto quello che segue, e di solito preclude la necessità di una spiegazione clinica. Immaginiamo ora di avere ottenuto una diagnosi spirituale di possessione, che mi sia stato dato il permesso di guarire e che il cliente abbia ricevuto qualsiasi cura spirituale preliminare necessaria, per cui ora sono pronto a procedere.

Un Modello Base del Processo

Anche se la de-possessione è un evento mistico con sfumature infinite, di solito segue una struttura di base in quattro fasi:

1) **Coinvolgere Gli Spiriti Aiutanti** – Lo sciamano si sposta attraverso un "portale" o entrata nella realtà non ordinaria dove contatta i suoi Spiriti Aiutanti che sono quindi pronti ad assisterlo.

2) **Coinvolgere l'Anima Perduta** – Lo sciamano fa sì che ci sia il consenso dello spirito intrusivo di liberare l'ospitante e lasciare il

pianeta terra (il Mondo Medio). Questo passaggio viene sempre fatto con il consenso totale dello spirito intrusivo.

3) **Aiutare l'Anima Perduta ad Andare Oltre** – Con gli Spiriti Aiutanti, lo sciamano assiste l'anima perduta ad andare oltre.

4) **Ritornare al Cliente** – sciamano si prende cura dei bisogni del cliente e chiude la sessione.

Ora guardiamo queste quattro fasi più da vicino.

✦

Coinvolgere gli Spiriti Aiutanti

Per uno sciamano esperto, attraversare il portale che dà sulla realtà non ordinaria e incontrare gli Spiriti Aiutanti non è come volare alla cieca tra nuvole e foschia in un film di avventura. Anche se sembra avventuroso, è un viaggio volontario verso un posto preciso, dove egli è già stato per incontrare spiriti con cui ha una relazione funzionante e consolidata. Vorrei potervi trasmettere quanto è sempre rassicurante e bello questo contatto. Ogni volta che vedo gli Spiriti Aiutanti Compassionevoli, il mio cuore si scioglie davanti alla magnificenza e alla profondità dell'empatia che sento in loro.

Uno sciamano esperto ha vari Spiriti Aiutanti che chiama per scopi differenti. La de-possessione è uno di questi e durante il suo svolgimento potrebbero esserci diversi Spiriti presenti, che potrebbero anche includere gli spiriti degli Arcangeli. Quando questi Spiriti sono pronti a lavorare insieme a me allora ci sono le basi per la fase successiva, in cui mi dedico a stabilire uno scambio rispettoso con l'anima perduta, durante il quale spiego perché è nel suo migliore interesse andare oltre, e infine raggiungo questo obiettivo con il suo consenso.

Anche se alcune tradizioni usano forza, minacce e anche imbrogli per riuscirci, la mia tradizione enfatizza molto l'importanza del rispetto e del non giudicare queste anime, spesso perdute. Fortunatamente, riusciamo a ottenere risultati eccellenti usando una persuasione gentile e trasmessa con il cuore, ma determinata ed efficiente.

Stabilire una Comunicazione con lo Spirito Intrusivo

A questo punto, anche se il mio cliente è lì con me in attesa di qualcosa, il mio compito coinvolge soprattutto lo spirito invasore. A seconda del cliente, ci sono due approcci possibili che posso usare per stabilire una comunicazione con lo spirito invasore. Questa comunicazione ha luogo sullo stesso livello verbale che usiamo di solito per le conversazioni, ed è accompagnata, allo stesso tempo, dalla visione sciamanica e dalla percezione dello spirito intrusivo.

In caso io noti nel mio cliente alcuni tratti che indicano che potrebbe essere in grado di fare da canale, chiederò se può "farsi da parte" così che lo spirito possedente possa venire fuori. La mia conversazione con lo spirito possedente, che descriverò a breve, avverrà quindi usando il cliente come una sorta di intermediario attraverso cui lo spirito parla. Potrete ovviamente chiedervi come possa una persona senza esperienze di questo tipo essere in grado di farlo. Alcuni guaritori non sciamanici che praticano forme diverse di de-possessione chiamate "rimozione dello spirito", "rimozione dell'entità", ecc., potrebbero usare l'ipnosi o delle tecniche di rilassamento per riuscirci.

Ho scoperto che le buone intenzioni dei miei clienti e la generale disponibilità di solito permettono loro di "farsi da parte" e lasciare che lo spirito parli usando la loro voce. Anche se è qualcosa che normalmente non farebbero, solitamente riescono a farlo in un ambiente positivo e curato ritualmente, in cui ci sono tantissimi Spiriti Aiutanti ad assicurare il successo. Quando ne parliamo a fine sessione, il cliente è spesso sorpreso, e dice cose del tipo: "Non posso credere di aver appena fatto una cosa del genere!", oppure: "Non posso credere che quelle parole siano uscite dalla mia bocca!", o anche: "Wow, ma quella voce? Non era mica la mia!".

Nel caso in cui il cliente non sia in grado di "farsi da parte", di solito chiamo un collega che sia in grado di comunicare a fare da canale per gli spiriti. Quindi, sia che il cliente faccia da "mediatore" o che sia presente una terza persona per farlo, ora sono pronto a cominciare.

Diciamo, ad esempio, che un cliente sia venuto da me lamentando degli scoppi d'ira travolgenti e cronici e che parte della guarigione sciamanica richieda una de-possessione. Potrei continuare, quindi con:

"Se la rabbia avesse una forma, che forma avrebbe?"
"Una grande nuvola strana."
"E se avesse un colore, che colore sarebbe?"
"Scura, come il carbone."
"Se questa rabbia avesse il nome di una persona, che nome le daresti?"
"Frank."
"Okay, quindi questa rabbia ha la forma di una grande nuvola stra-na, è nera come il carbone e si chiama Frank. Quindi, ora vorrei che ti facessi da parte, per favore, e vorrei parlare con Frank. Per favore, ora fai arrivare Frank e permettigli di usare la tua voce."

A questo punto, c'è uno sciamano esperto a disposizione, e c'è moltissimo aiuto e potere spirituale grazie ai miei Spiriti Aiutanti. È un'atmosfera sicura e forte che facilita e rende possibile quanto segue.

"Posso parlare con Frank ora?"
La parola *"sì"* esce dalla bocca del cliente.
"Il mio nome è Peter. È un piacere conoscerti, Frank."

A questo punto, diventa chiaro che Frank, lo spirito possedente, è presente attivamente e sta davvero parlando attraverso il cliente o il medium invitato. Da questo punto in avanti, il tono del cliente o la voce del medium di solito cambiano, e riesco a vedere chiaramente e percepire la presenza dello spirito possedente. Non ci sono dubbi. È un fatto che ho confermato.

Ci sono le basi quindi per continuare a comunicare con questo spirito.

Coinvolgere lo Spirito Possedente

Ora inizio a coinvolgere lo spirito in una conversazione umana. All'inizio, lo spirito di solito è riluttante; ha paura ed è confuso, cosa che suscita molta compassione, dato che potrebbe diffidare dell'apparizione e dell'intervento dello sciamano. In casi più rari e impegnativi, lo spirito potrebbe anche sfidarmi con una raffica di volgarità, qualcosa come: "Chi ★★★★ sei tu e che ★★★★ vuoi?". Al contrario, ci sono anche spiriti possedenti che iniziano semplicemente a parlare, senza prudenza o riserve, come se ci fossimo appena incontrati a una festa. A prescindere da come vengo ricevuto, vado avanti con la conversazione, dotato di strategie per affrontare l'intera gamma di possibilità. Vorrei ripetere qui che anche se ci possono essere fasi nel processo, è un evento dinamico in tempo reale in cui affronto sostanzialmente quello che ho davanti.

Ricordiamoci ora che questo spirito potrebbe non sapere di essere morto. Sta vivendo una sorta di vita crepuscolare rannicchiato in un'altra persona, dove non ha né passato né futuro e nessun modo per riflettere. Per questo motivo io approccio questi spiriti proprio come mi avvicinerei a uno sconosciuto per strada: con calma, semplicità e rispetto. Per prima cosa saluto lo Spirito e gli dico che mi chiamo Peter. Poi rivolgo alcune semplici domande che servono per "rompere il ghiaccio" e che, come vedremo tra poco, riescono a portare il dialogo verso una direzione proficua, come ci insegna l'esperienza. Anche se non c'è assolutamente nessun "copione" per il nostro dialogo, anche qui ci sono alcune fasi tipiche nella conversazione che tendono ad avere una loro struttura.

Vi darò poi un esempio di questo dialogo. NB: *non è la trascrizione letterale di una de-possessione reale*. È invece un insieme sintetizzato che illustra le fasi e i temi principali del mio dialogo con lo spirito possedente. Questo insieme, tratto dalla mia esperienza, esemplifica i principi chiave coinvolti.

★ ★ ★

Stavo tenendo un seminario di due giorni sullo sciamanesimo in una regione dell'Europa che aveva ospitato la guerra di trincea durante la prima guerra mondiale. Una giovane donna che partecipava al seminario si mostrava abbastanza agitata e tesa, e continuava a fare domande in modo aggressivo, quasi violento. Il primo giorno ci fece perdere troppo tempo con le sue interruzioni e il suo comportamento; presi in considerazione di chiederle privatamente di abbandonare il corso. Tuttavia, sentendo che non era la cosa giusta, decisi di essere il più compassionevole e accomodante possibile, cercando comunque di non compromettere l'esperienza del resto dei partecipanti. Quella sera lei stessa mi chiese di parlarmi in privato.

Fuori, sul balcone, mi confidò che non stava più nella pelle dall'agitazione, che il suo vizio del fumo la stava "bruciando". "Quanto fumi?" le chiesi. "Quattro pacchetti al giorno.". Mi raccontò poi alcune delle sofferenze che chiaramente si nascondevano dietro al suo comportamento irritante. Il modo disperato e sincero con cui si confidò e mi chiese aiuto, mi confermò l'intuizione che avevo avuto nel non chiederle di andarsene. Mi domandò se c'era qualcosa che potessi fare per aiutarla a guarire, cosa che ci portò a programmare una sessione privata insieme.

In quella sessione prima di tutto feci un viaggio nella realtà non ordinaria, dove contattai i miei Spiriti Aiutanti. Questo era il mio "viaggio diagnostico", in cui mi mostrarono che c'era effettivamente uno spirito intrusivo. Chiesi anche se potevano aiutare la mia cliente a farsi da parte. Mi assicurarono che l'avrebbero fatto. Come ho descritto prima, chiesi alla donna se poteva "farsi da parte", cosa che fece. A questo punto, poi, dopo aver avuto il permesso e aver fatto la diagnosi spirituale, e con la presenza degli Spiriti Compassionevoli, volsi la mia attenzione allo spirito intrusivo dentro di lei.

Per prima cosa mi presentai.

"Ciao. Mi chiamo Peter.", dissi. "Ti va di dirmi il tuo nome?"
"Sandro."
"Piacere di conoscerti, Sandro. Quanti anni hai, Sandro?"
"27."
"Sandro, mi puoi dire l'ultima cosa che ti ricordi di aver fatto?"
"Io? ...Ero un soldato."
"Dove eri un soldato?"
"In molti posti."
"Puoi nominarmi uno di questi posti?"
"Gallipoli."
"Cosa facevi lì?"
"Ero semplicemente in piedi nella trincea, stavo fumando una

sigaretta durante la pausa, tra i pezzi d'artiglieria."
"E dopo...?"
"Non lo so."
"Quindi non sei più lì, a Gallipoli?"
"Penso di no."

L'interrogatorio educato ma persistente sulle circostanze della morte dello spirito è importante poiché rappresenta la prima breccia nella sua ignoranza riguardo alla sua situazione presente. Non rivelo allo spirito possedente che è morto, però, perché potrebbe facilmente provocare una reazione o un rifiuto che creerebbe agitazione e non sarebbe per niente utile. Inizio comunque a gettare le basi perché lo spirito arrivi a una comprensione implicita del fatto che non è più nel suo corpo come prima.

"Quindi, dimmi", dico, *"ti piace dove sei ora?"*
"Non male."
"Cosa ti piace?"
"Sono qui con questa bella ragazza e andiamo a fumare tutto il tempo."

Una volta stabilito un dialogo, trovo un modo per aiutare lo spirito a capire che non è più dove dovrebbe essere. Di nuovo, non può essere fatto direttamente, perché questi spiriti non comprendono la loro vera situazione. L'ingenuità del soldato era notevole, dato che questa "bella ragazza", un compagno di fumate così piacevole, sembrava soddisfare i bisogni della sua esistenza.

La prossima fase del nostro dialogo continua con il cosiddetto:" tranquillizzare lo spirito". Contrariamente ai nostri pregiudizi assurdi, molte di queste anime perdute nutrono le stesse meritevoli aspirazioni verso la bontà, l'integrità, l'armonia che abbiamo noi. Sembra essere un "istinto" base dell'anima umana che non si è mai del tutto estinto, ma che sicuramente rimane sommerso nella situazione di un'anima che è persa. Eppure, a prescindere dalla confusione, dall'incapacità di capire la loro situazione, queste anime perdute di solito hanno l'impulso latente di andare oltre.

Questo "impulso" base, però, potrebbe anche essere sommerso così a fondo da non permettermi di trovare nemmeno un barlume di bontà o fiducia. Ci sono anche spiriti intrusivi che sanno bene di essere morti e vogliono continuare il loro soggiorno indesiderato nel Mondo Medio della realtà non ordinaria, dove possono continuare a devastare qualsiasi cosa, com'è loro tendenza. Tra questi due estremi, spiriti intrusivi persi ma rispettabili, e spiriti intenzionalmente cattivi, ci sono diverse sfumature. Il mio lavoro è di capire con che tipo di spirito sto avendo a che fare, di non farmi turbare se si presenta ostile e di continuare ad andare avanti, imperterrito.

> *"Ti trovi a tuo agio qui?"*
> *"Abbastanza. Penso. Cioè. Suppongo."*
> *"Sei felice? Cioè, sei veramente felice dove sei ora?"*
> *"Penso… Beh, non esattamente. La maggior parte del tempo no."*

Questo scambio mostra un'altra modalità chiave con cui i nostri preconcetti ci ingannano. Siamo stati portati a immaginare che queste anime perdute abbiano una sorta di allegra esperienza come burattinai del loro ospitante umano. Quando "incontriamo" veramente molti di questi spiriti, però, credetemi, questa immagine cade a pezzi. Non c'è e non può esserci nessuna soddisfazione duratura nella loro situazione, e, ad alcuni livelli, per fortuna, l'anima perduta spesso lo sa. Al contrario, però, come ho detto prima, all'estremità opposta ci sono spiriti invasori che esercitano il loro potere sull'ospitante deliberatamente e a cui piace poter controllare il mondo di quella persona.

A prescindere da cosa incontro, a questo punto dirotto la conversazione verso un'altra direzione.

> *"Sandro, percepisco la tua infelicità e vorrei aiutarti. E se potessi portarti in un posto dove puoi essere felice? Intendo, davvero felice. Tutto il tempo. Ti piacerebbe andarci?"*
> *"Ma non conosco questo posto"* è una delle risposte tipiche di uno spirito possedente non molto ostile.
> Oppure, *"Di cosa **** stai parlando?"* potrebbe essere la sfida di uno di quelli, diciamo, meno ricettivi.
> Di nuovo, non importa quale sia la situazione, vado avanti.
> *"Io conosco un posto del genere e ti ci potrei portare. È un posto dove c'è solo bellezza, amore, e persone che vogliono il meglio per te, tutto*

il tempo. Ti ci posso portare. Ci ho portato tantissime altre persone prima e sono molto felici lì."

Ci sono molte variazioni su come posso presentare questo mondo positivo, invitante, e ancora meglio, reale, che esiste davvero. In alcuni casi, è una prospettiva così allettante che il resto della de-possessione procede con relativa facilità. Ma consideriamo lo scenario in cui l'anima possedente sia riluttante, faccia resistenza e non voglia andarsene. Diciamo che il mio soldato non abbocca. Non è interessato alla mia offerta. Se arrivo a un vicolo cieco, mi consulto con il mio Spirito Guida, proprio come ci si potrebbe consultare con uno specialista in un team di medici. Potrei poi ricevere un'idea, o una domanda da fare che potrebbe essere qualcosa che non avrei pensato di chiedere da solo, ma che mi dà esattamente la leva di cui ho bisogno per fare il passo successivo. La bellezza, l'avventura, è che non so mai cosa succederà dopo; non c'è un copione. Ed è per questa ragione che lo sciamano ha bisogno della guida degli Spiriti.

A questo punto continuo con la mia pratica di "addolcire lo spirito", e - questo è importante - sempre senza la minima durezza o aggressione. Mi presento con diretta franchezza, ma il mio piano è di farcela basandomi sull'armonia e l'accordo tra di noi, cosa che non si raggiunge con la forza, le minacce o la condanna. Inizio, poi, a giocare una carta spesso vincente. Comincio aiutando lo spirito a stabilire una connessione emotiva con una persona a cui era affezionato in vita.

"Sandro, mi puoi parlare dei tuoi genitori? Sono ancora vivi?"

Nel caso di Sandro, che è morto nella prima guerra mondiale, non ci sarebbe motivo di fare questa domanda dato che i genitori sicuramente saranno mancati. Lo includo qui per mostrare casi comuni in cui la morte dello spirito sia stata più recente. In questo caso, se la risposta è "sì", chiedo:

"E i tuoi nonni? Avevi un nonno o una nonna preferiti? Sono morti quando eri giovane?"

Con queste domande porto lo spirito a descrivere qualcuno che gli era caro quando era in vita, che amava, e che sa che è mancato. In tutto questo, con sincera gentilezza ed empatia, cerco di far rivivere ed evocare i veri sentimenti di affetto che un tempo conosceva ma che si sono congelati in questo cuore ora confuso.

Poi ritorno al mio percorso di prima, ma con una carta vincente che non avevo ancora giocato.

In questo esempio, il soldato mi sta parlando, e sta ascoltando, lo vedo. Ma non è ancora convinto. Vedo e sento la sua resistenza. Ho gettato le basi, però, per una connessione emotiva con gli antenati che di solito motivano un'anima perduta a passare dall'altra parte, se non subito, più avanti.

Diciamo, però, che sto affrontando uno spirito molto cocciuto e sulla difensiva. Forse il soldato fumatore è semplicemente riluttante. O forse è uno spirito malvagio che ha mostrato davvero pochi segni di disponibilità. A questo punto posso fare un passo più azzardato; di nuovo, sempre con buona volontà. Posso chiedergli di descriversi: il suo aspetto, il colore dei suoi capelli, dei suoi occhi, ecc. Posso anche chiedergli di descrivere i suoi vestiti. E se non dà ancora segni di voler lasciare l'ospitante, dirò qualcosa come:

> *"Quindi mi hai detto di avere gli occhi verdi e la barba, che i tuoi capelli sono castani, no? Bene. Allora ti faccio una domanda: chi è questo qui?"* chiedo all'anima intrusiva, mettendo uno specchio davanti agli occhi del mio cliente.
> *"Guarda attentamente, sei tu?"*
> *"Beh, no, non sono io. Non so. Non sono io in effetti."*
> *"Sai perché non stai vedendo il tuo viso allo specchio? Te lo dico io. L'immagine che vedi è quella della bella ragazza con cui fumi. È venuta da me perché ha bisogno di aiuto, perché non è assolutamente felice ora. Sta soffrendo e tutto questo fumo che le stai imponendo, la sta uccidendo, non le piace per niente. Senti, Sandro. Ti è successo qualcosa a Gallipoli. Tu ed io stiamo parlando, quindi esisti ancora, ma, come puoi vedere, sei con questa ragazza ora, nel suo corpo. Quindi le stai facendo del male. È questo quello che vuoi fare?"*

La risposta da questo spirito testardo potrebbe avere molte forme, ma in questo caso la risposta di Sandro è incoraggiante:

"Beh, no. No. Non voglio farle del male. Voglio solo un amico con cui fumare."

"Capisco. Ma le stai facendo male anche se non vuoi, e stai usando il suo corpo per farlo. Senti, mi hai detto che non sei felice qui comunque, quindi facciamo un patto: tu lasci questa bella ragazza in pace, così non sarà così nervosa e agitata e smetti di farle male. Se accetti di farlo, io ti prometto di portarti in quel posto che ti ho detto. Il posto dove c'è solo amore, dove vivono i tuoi parenti, dove ti stanno aspettando."

Più gentilmente, ma più risolutamente possibile, spingo l'anima perduta a capire che non è dove dovrebbe essere, che sta anche facendo soffrire un'altra persona. Dopo aver risposto alle mie domande che descrivevano la situazione precedente alla morte, lo spirito sta iniziando a farsi un'idea. È ora di sfoderare la mia carta vincente.

Chiedo agli Spiriti Aiutanti di localizzare la persona a cui lo spirito intrusivo era affezionato. Nel caso del soldato, era una zia preferita. Apro il portale e chiamo i miei Spiriti Guida specializzati in questi problemi e in grado di dare incentivi molto più convincenti di quelli che ho offerto io finora. In risposta, i miei Spiriti Aiutanti localizzano la zia del soldato. Non ci mettiamo tanto, perché nella realtà non ordinaria le cose accadono "alla velocità d'intenzione."

"Sto per aprire un cerchio di luce per te", dico al soldato. *"Lassù, dai un'occhiata. Vedi la luce? C'è qualcuno che vorrei farti incontrare. Guarda, lassù, la vedi lassù, proprio sul bordo del cerchio?"*

Il soldato guarda su e vede la sua zia preferita che lo sta aspettando, accogliente, sulla soglia del portale per l'Altro Lato. Non vede solo questa persona cara, ma vede anche un Arcangelo e qualsiasi altro Spirito presente. Riconoscere la zia, insieme al portale di luce invitante e alla vista di Angeli veri, splendenti, reali, che brillano di profonda empatia e dell'amore più puro che si possa immaginare, è una combinazione irresistibile.

"Forza", dico, *"dammi la mano. Lascia che ti porti lì."*

Stendo la mano e guido il soldato al portale. Anche se avviene nella realtà non ordinaria, sento la sua mano perfettamente, proprio come sentirei la vostra mano o quella di qualsiasi persona. Poi lo affido alla magnifica custodia degli Spiriti che lo guidano attraverso il portale verso l'Altro Lato. Dopodiché chiudo il portale con grande intenzione per concludere l'evento. Una volta chiuso il portale, la de-possessione è finita. È stato un successo. A questo punto, il mio lavoro e la mia relazione con questa anima vagante sono finiti. Non continua in nessun modo o forma.

Quanto dura una de-possessione? Dipende dalla resistenza che incontro, dai dieci minuti a un'ora, a volte di più. Durante l'intero processo lavoro sodo per agire appropriatamente in entrambi i mondi da cui sto prendendo informazioni: quello della realtà non ordinaria, e quello del mio cliente. Alla fine, quando ripenso a tutto e cerco di rivedere com'è andata, mi meraviglio io stesso di molti aspetti. Come sapevo di doverlo dire? Cosa mi ha ispirato a fare quel gesto in quel momento? Non importa quanto ho imparato e quanto spesso abbia fatto una de-possessione, c'è sempre della meraviglia in questo processo mistico con così tanti risultati tangibili.

🦅

Tornando al Cliente

In questo lasso di tempo, il cliente potrebbe aver provato diversi sentimenti o sensazioni. Anche se io sono volontariamente in uno stato di coscienza alterata, rimango molto cosciente di tutto quello che mi succede attorno. Infatti, uno dei talenti principali di uno sciamano è di essere in grado di funzionare intelligentemente ed efficacemente in due mondi allo stesso tempo. Quindi sono stato attento al mio cliente durante lo scambio e, quando necessario, potrei averlo rassicurato con parole, o prendendogli la mano, ecc. Cerco anche di ammorbidire qualsiasi emozione negativa che il cliente possa vivere o esprimere, assicurandogli che è al sicuro. Gli spiriti intrusivi sono al corrente dei pensieri e delle sensazioni del cliente, quindi se il cliente vive o esprime negatività di qualsiasi tipo, questo danneggia l'atmosfera di armonia e fiducia che sto cercando di instaurare. È anche vero che alcuni spiriti intrusivi prosperano sulle emozioni negative, e io non voglio alimentare questa tendenza, dato che potrebbe solo aumentare la loro resistenza e il cliente si agiterebbe. Questo è il motivo per cui il mio ambiente armonioso, l'aspetto cerimoniale del processo, i miei Spiriti Aiutanti, e la struttura della mia de-possesione collaborano tutti per arrivare a un esito positivo.

Una volta che lo spirito possedente se n'è andato, si può vedere un effetto immediato sul cliente. Il risultato più generale è vedere una nuova vitalità nella persona. Sembra più presente, come se l'assenza venisse rimpiazzata da una presenza più attiva. C'è di nuovo la luce accesa. Per alcuni, questa transizione può causare l'insorgere di emozioni di molti tipi. A volte piangono dopo la de-possesione, ma quando succede, di solito sono lacrime di gioia, di gratitudine, di sollievo: stanno sentendo un nuovo senso di leggerezza dopo la rimozione del fardello.

Possono esserci un'ampia gamma di emozioni, però, che possono essere sorprendenti. Come condivide nel suo resoconto in prima persona, nel Capitolo sette, uno dei miei clienti si è ritrovato a prendere a pugni il pavimento violentemente, urlando: "Non ho mai vissuto!" più e più volte. È risultato che lo spirito che avevo aiutato ad attraversare la soglia, aveva invaso e abitato il suo corpo fin dalla prima infanzia. Per non spaventare il cliente, gli avevo solo detto che avremmo "continuato la guarigione". Non avevo nemmeno usato la parola "de-possesione". Eppure, nella catarsi che ha vissuto, a livello emozionale, sapeva molto bene quello che era successo.

Ad ogni modo, una persona che ha subito una de-possesione, ha appena vissuto un'esperienza interiore molto significativa. Dal momento in cui è arrivata da me è stata alleggerita da un'influenza che aveva lottava con la sua mente, il suo corpo, i suoi sentimenti, tutti i giorni e spesso per un lungo periodo di tempo. Per praticamente tutti, c'è la sensazione che sia successo qualcosa di "grosso". Come ho detto prima, non condivido nessuno dei dettagli più specifici e sgradevoli della mia esperienza con i clienti, ma filtro questo evento energetico che è appena avvenuto in una storia di guarigione. Elaboro una vicenda piena di speranza positiva per il futuro; la speranza è spesso qualcosa che non hanno avuto, per tanto tempo. Il cliente ottiene quindi una storia stimolante che inizia a cambiare il modo in cui vede se stesso, che inizia a dare forma al suo futuro e all'interazione con gli altri. La storia non è una mia invenzione. Nasce invece dall'esperienza del mio cliente per aiutarlo a elaborare una nuova visione, piena dell'energia appena formatasi e con la libertà di vivere la vita in tutto il suo potenziale. È importante dire qui che la natura delle storie che creiamo per noi stessi, determinerà dove ci condurrà la vita mentre forgiamo il nostro futuro.

Grazie al lavoro che si svolge nel mio studio, questo spazio è caratterizzato da un'accresciuta energia e da un'atmosfera tranquillizzante, in cui la presenza degli Spiriti può essere percepita. Ogni volta sto con il cliente e gli parlo, o rimango seduto vicino, finché non sento che il processo si è sedimentato e che è pronto ad andare. Le persone possono vivere un contrasto drammatico tra come si sentivano prima e dopo la sessione, e potrebbero stare ancora metabolizzando forti energie e sensazioni. Per questo motivo chiedo spesso al cliente di portare un parente o un amico con sé. Voglio essere sicuro che riesca ad adeguarsi ai cambiamenti che ha subito, e che abbia l'appoggio necessario quando esce dal mio studio e sperimenta le energie meno rarefatte della vita ordinaria.

Una cosa che aiuta a concludere armoniosamente l'esperienza è finire la sessione proprio come l'abbiamo iniziata, con cerimonia e preghiera. E lo facciamo, spesso con sentimenti autentici di rinnovato benessere, esprimendo la nostra gratitudine per l'intervento degli Spiriti Compassionevoli senza di cui questa guarigione non sarebbe avvenuta.

Epilogo: la Forza della Compassione Sciamanica

Non tutti gli sciamani fanno de-possessioni. Proprio come ci sono specialisti diversi da altri medici, è un processo diverso e inusuale che non fa per tutti. Come ho detto nella mia introduzione, sono sempre stato incuriosito dalla morte naturalmente e sinceramente sin dall'infanzia. Ho anche una laurea in psicologia e un grande amore per le persone. Insieme, mi danno forza mentre metto in campo la diplomazia necessaria alla de-possessione, perché agisco con il cuore, senza forzatura, senza astuzia, senza manipolare. Non è raro che scoppi a piangere durante un incontro con un'anima perduta, dato che percepisco e contemplo il dolore della sua situazione. Sono convinto di farcela perché le mie motivazioni sono chiare e trasparenti.

Non sento nemmeno di essere in pericolo. Questo non perché uno spirito intrusivo non sia un pericolo reale. Proprio il contrario: sono stati già pericolosi per il mio cliente, e potrebbero dimostrarsi pericolosi per qualcuno che mette il naso nella loro situazione senza una preparazione e una protezione adeguata. Ma, con il mio addestramento, la mia esperienza e la presenza degli Spiriti che mi riempiono di potere, non ho motivi per non sentirmi al sicuro. Inoltre, poiché vedo con il cuore, so che ho a che fare con l'ignoranza, non con il male. Ovviamente, la situazione può essere abbastanza sgradevole a volte, ed è un lato molto reale delle cose che non voglio minimizzare. Non vedo il motivo di condividerne i dettagli in un libro, dato che rafforzerebbe solo le paure e gli atteggiamenti negativi che sto cercando di dissipare.

Ad ogni modo, non permetto agli ostacoli che incontro di prevalere sul fatto che questo è uno spirito umano che sta soffrendo. Questo è lo stesso meritevole atteggiamento umano che troveremmo in ogni buona infermiera o dottore che affronta situazioni difficili nell'aiutare persone difficili, eppure continua ad aiutare quegli esseri umani. Uno sciamano di solito sperimenta profonde sofferenze, spesso fin dall'infanzia. E, anche se potrebbe riportare cicatrici come risultato delle sfide della vita, sul suo cuore non ci sono calli. Come potrebbe essere diversamente quando è stato chiamato dagli Spiriti? Queste sofferenze creano una compassione legata intimamente all'abilità di "vedere"; essere uno sciamano e avere una profonda compassione vanno di pari passo.

🦅 🦅 🦅

Vorrei ora occuparmi delle questioni relative al periodo successivo alla de-possessione in cui il cliente integra psicologicamente i risultati del processo. Ma prima di farlo, nel prossimo capitolo vorrei spiegare brevemente come si differenzia la de-possessione dall'esorcismo.

Come principio generale, è meglio lavorare badando ai fatti propri e non criticando chi agisce diversamente. Tuttavia, dato che l'obiettivo di questo libro è spiegare la de-possessione, devo fare necessariamente un paragone con l'esorcismo con cui viene spesso erroneamente confusa. Ed è anche un argomento interessante per molte persone.

Capitolo V

In Cosa si Differenzia
la De-Possessione dall'Esorcismo?

La Chiesa Cattolica ha sempre riconosciuto la realtà della possessione e l'esorcismo, ovviamente, è la pratica che ha sviluppato per affrontarla. Ancora oggi, la Chiesa addestra preti selezionati a eseguire questo rito con prerequisiti, rituali e liturgie precisi. La nostra idea odierna di esorcismo è piuttosto errata, poiché rimanda a tremende possessioni da parte di figure demoniache che sopraffanno il loro ospitante con comportamenti osceni. Il film "L'Esorcista" ne dà l'esempio. Lasciando da parte casi così sensazionali ed esagerati, utili solo a vendere libri e film, l'esorcismo cattolico coinvolge dinamiche abbastanza diverse da quelle della de-possessione così come viene praticata nella mia tradizione. Anzi, queste dinamiche sono così diverse che le due pratiche non possono assolutamente essere considerate analoghe.

✦

Due Approcci Molto Diversi

Come avete letto in queste pagine, dal punto di vista sciamanico l'anima possedente è uno spirito umano confuso, che si è perso e che deve essere aiutato a passare a un altro livello. Non si giudicano queste anime (la cui situazione è abbastanza tragica), e il loro passaggio all'Altro Lato viene considerato un esito positivo quanto l'abbandono dell'ospitante. Quando si fa una de-possessione, lo sciamano esprime compassione per entrambi, e viene assistito dagli Aiutanti Divini. Il modello cattolico dell'esorcismo è completamente diverso.

Per prima cosa, nella concezione cattolica l'anima possedente è sempre vista come entità demoniaca che Gesù Cristo deve rimandare all'Inferno. Questo presupposto, ovviamente, è opposto alla nostra attuale visione della spiritualità emergente. Non solo il cambiamento progressivo della nostra idea di "Inferno" esclude l'esistenza di un reame di dannazione eterna, ma esclude anche un Gesù Cristo punitivo che autorizzerebbe una simile condanna. Va da sé, quindi, che l'esorcismo non considera, né tanto meno realizza, il passaggio di questa "entità malefica". Inoltre, il prete assume un atteggiamento austero e antagonistico verso lo spirito possedente, diverso dalla comunicazione sincera stabilita dal praticante sciamanico. Quindi, la concezione cattolica della de-possessione è talmente diversa dalla realtà umana vissuta dai praticanti sciamanici di tutto il mondo che non si sa, come si dice, se "ridere o piangere".

Analogamente al viaggio diagnostico dello sciamano, il prete conduce prima un'indagine per determinare se la persona che richiede aiuto sia, di fatto, ospitante di uno spirito possedente. Dal 1999, questo processo di inchiesta ha incluso anche un esame psichiatrico per scartare altre cause psicologiche. Una volta determinata la presenza di uno spirito possedente, l'esorcismo procede in un percorso guidato dalla paura e messo in atto con forza, esplicita o implicita, in cui non vengono mostrati né amore né rispetto per lo spirito possedente, visto come "il demonio". Insieme alle preghiere e agli aspetti rituali, il prete ammonisce e minaccia l'anima perduta come un avversario che deve essere sopraffatto dalla paura e sconfitto. Non c'è da stupirsi che l'esorcismo sia spesso un processo difficoltoso che, a dire il vero, lascia il prete in condizioni pessime. E, dato che il processo è sicuramente un trauma per lo spirito possedente, è anche un trauma per l'ospitante. Immaginate come vi sentireste e reagireste se non sapeste di essere morti, non sapeste dove siete e qualcuno che non conoscete vi si avvicina, vi lancia dell'acquasanta e vi minaccia con imprecazioni che non capite nemmeno, dicendovi che sarete rimandati all'Inferno per l'eternità!

Dal punto di vista del cliente, forse potrebbe alla fine non importare in che modo venga tolto il fardello dello spirito possedente. Ma il cliente viene ovviamente stimolato all'apprensione dalla diagnosi formale prolungata a cui deve sottoporsi, dall'atteggiamento di rimprovero assunto dal prete, e dai sentimenti negativi che scaturiscono semplicemente dall'essere, di fatto, prossimi a sottoporsi a questo "evento spaventoso" che è l'esorcismo. Dal punto di vista dell'anima perduta e del guaritore, però, c'è una differenza molto più ampia tra esorcismo e de-possessione, una differenza che colpisce a fondo il nostro senso etico.

✝

Una Semplice Analogia

La differenza può essere mostrata con una semplice analogia. Immaginate che io riceva una chiamata da una vicina. Mi dice che sente dei rumori strani in mansarda da un po' di tempo. Ha così tanta paura da essere in continuo stato di nervosismo, tanto da influenzare negativamente la sua salute. Avendo saputo della mia esperienza nel parlare con diversi tipi di persone in situazioni difficili e strane, si rivolge a me: "Pensi di potermi aiutare?" mi chiede. "Proviamoci", le rispondo. E vado a trovarla.

Salendo le scale per la mansarda, scopro che c'è in effetti qualcuno che vive lassù: un senzatetto confuso, perso e fondamentalmente in pessima forma, oppure ostile, belligerante, ma comunque in pessima forma. Prendo il mio cellulare e faccio qualche chiamata ad alcune persone che conosco specializzate nell'aiutare i senzatetto. Ho già lavorato con questi specialisti, e non faccio in tempo a chiamarli che sono già per strada.

Tornando dal barbone, inizio una semplice conversazione per guadagnarmi la sua fiducia. Cerco di aiutarlo a realizzare che c'è una vita migliore pronta che lo aspetta, e che ho degli amici di sotto che lo aspettano per accompagnarlo lì. La conversazione va avanti ma il barbone fa ancora resistenza, è ostile.

Faccio un'altra telefonata e chiedo al senzatetto di dare un'occhiata fuori dalla finestra della mansarda. Là, sul marciapiede, c'è la sua zia preferita, al sole, che lo saluta. "Ti piacerebbe andare in quella situazione stupenda che ti ho descritto prima?", gli chiedo. "È dove vive tua zia; possiamo raggiungerla ora se vuoi." E funziona. Il senzatetto mi dà la mano e andiamo di sotto. Lì, in salotto, c'è un dottore, un assistente sociale, e la sua zia preferita. Riuniti attorno al barbone, traboccanti di buona volontà, queste tre persone lo portano a casa sua, da cui mancava da quando si è perso molto tempo fa.

La mia amica è grata e felice, il senzatetto in buone mani ed io ho agito da catalizzatore. La missione è riuscita.

🦅 🦅 🦅

Applichiamo ora lo stesso scenario all'esorcismo. In questo scenario la mia cara vicina stressata chiama un prete, non un praticante sciamanico. Il prete le dice che deve farle una serie di interviste. Deve anche sottoporsi a un'analisi psichiatrica per escludere altre possibili cause per la sua ansia. Una volta determinato che è necessario lo spaventoso rito dell'"esorcismo", bisogna compilare un sacco di moduli per autorizzarlo. Alla fine di questo processo preliminare lunghissimo, la prospettiva dello scambio misterioso che avverrà nella sua mansarda ha terrorizzato la mia vicina. Ma va avanti comunque, perché quali alternative ha?

Quando il prete arriva finalmente a casa, è colmo di aspettative ostili e negative riguardanti questa persona, sicuramente demoniaca, che potrebbe esserci in mansarda. Si arma per l'incontro e sale le scale della mansarda, con la vicina che lo segue. Poi, con un mix di spergiuri, preghiere, forza e minacce da cui la mia amica è alquanto disturbata e che mandano il barbone in subbuglio, il prete manda questa persona terrorizzata (che non ha detto una parola e a cui non è stata chiesto nulla) giù dalle scale e fuori dalla porta. Il barbone viene visto l'ultima volta mentre corre a perdifiato, impaurito, per la strada.

Dove sta andando il senzatetto? Beh, chi lo sa? E dopo tutto, cosa importa? Non era sicuramente buono, no? E ora se n'è andato. Missione riuscita!

"Missione riuscita?" consideriamo questa domanda.

Vero, la mia amica non ha più un senzatetto in mansarda. E anche se ha dovuto subire un processo lungo e sgradevole, l'assenza del senzatetto è veramente una benedizione. Ma gli altri fattori dell'equazione? Il barbone è stato affidato a persone piene di compassione che lo porteranno in un posto migliore, a cui appartiene veramente, dove potrà essere aiutato? No, è stato mandato fuori, in strada, nella stessa situazione in cui era prima di insediarsi nella mansarda della mia amica. Che cosa farà lì? Beh, di nuovo, chi lo sa? E chi se ne importa? Magari si infilerà in un'altra mansarda, ma questo sarà un problema di qualcun altro, lontano dagli occhi della mia vicina e del suo prete.

Per quanto riguarda il prete, sicuramente ha fatto il rito con buone intenzioni, ha, dopotutto, l'approvazione e la tradizione dell'intera Chiesa Cattolica dalla sua parte. Io ho un problema già solo con i presupposti e i metodi usati negli Esorcismi. Questo è il vero frasario latino usato nel rito dell'esorcismo, a cui segue la traduzione italiana:

Exorcizamos te, omnis immundus spiritus, omnis satainica potestas, omnis infernalis adversarii, omnis legio, omnis congretatio et secta diabolica, in nomine et virtute Domini nostri Jesu Christi, eradicare et effugare a Dei Ecclesia, ab animabus ad imaginem Dei conditis ac pretioso divini Agni sanguine redeptis. Non ultra audeas, serpens callidissime, decipere humanum genus, Dei Ecclesiam persegui, ac De electos excutere et crirare sicut triticum. Imperat tibi Deus altissimus, cui in magna tua superbia te simile haberi adhus praesumis; qui omnes hominess vult salvos fiery, et ad agnitionem veritatis venire.

Noi ti imponiamo di fuggire, spirito immondo, potenza satanica, invasione del nemico infernale, con tutte le tue legioni, riunioni e sètte diaboliche, in nome e per il potere di nostro Signore Gesù Cristo: sii sradicato dalla Chiesa di Dio, allontanato dalle anime create a immagine di Dio e riscattate dal prezioso Sangue del divino Agnello. D'ora innanzi non ardire, perfido serpente, ingannare il genere umano, perseguitare la Chiesa di Dio, e scuotere e crivellare, come frumento, gli eletti di Dio. Te lo comanda l'Altissimo Dio, al quale, nella tua grande superbia, presumi di essere simile; che vuole che tutti gli uomini siano salvi e giungano alla verità.

E credetemi, diventa ancora più aggressivo, per usare un eufemismo. Si comanda allo "spirito demoniaco" di tornare alla dannazione eterna infernale.

Nell'esorcismo, il prete assume una postura severa e antagonistica, sia dentro di sé sia nei confronti dell'anima errante, che io non potrei mai, in tutta onestà, forzarmi ad assumere, e tanto meno indirizzare verso nessun altro. E qui, a maggior ragione, perché so che si può raggiungere un risultato più umano e migliore puntando su aspetti migliori e più compassionevoli. La mia conclusione quindi è che l'esorcismo sia molto meno umano della de-possessione che si basa sul perdono e sull'interesse dell'anima perduta. Vorrei fare notare che quello che ho espresso non è un giudizio negativo o un rimprovero verso l'intera Chiesa Cattolica, la quale serve molte cause di valore su questa terra. Gli sciamani cercano di non giudicare certe questioni.

✦ ✦ ✦

Lo riterrei un argomento amaro se non sapessi che siamo attraversando un periodo di profondi cambiamenti in cui atteggiamenti e sentimenti vecchi di secoli stanno colando via lasciando il posto a un nuovo modello di umanità. Lo si può vedere in molti campi della vita in cui nuove prospettive umane stanno rimpiazzandone altre vecchie e rigide. E mi viene in mente un altro esempio importante a riguardo.

Per migliaia di anni si è creduto che l'unico modo per addomesticare un cavallo selvaggio fosse di prenderlo al lazo, legarlo così stretto da farlo sdraiare su un fianco senza che si potesse muovere e poi picchiarlo finché il terrore non si trasformava in sottomissione. In breve, il cavallo veniva forzato a fare quello che noi volevamo che facesse, distruggendogli lo spirito. Poi, dopo migliaia di anni di questa pratica, arrivò "l'uomo che sussurrava ai cavalli", Monty Roberts, che ha mostrato al mondo che si poteva fare diversamente. Approcciando il cavallo con buone intenzioni, fiducia, e il giusto tipo di comunicazione, può essere raggiunto lo stesso identico risultato: un cavallo addomesticato. Ma con due grandi differenze, primo: né lui nè il cavallo hanno subìto o esercitato alcuna violenza. E secondo: il cavallo ha preso parte al processo in modo completamente volontario, seguendo il suo istinto naturale di creare un legame con un essere umano.

Grazie al cielo viviamo in un'epoca in cui le vecchie credenze di aggressività e forza vengono finalmente viste per cosa sono: legami in una catena di violenza umana che finalmente stiamo rompendo.

★ ★ ★

Questa, quindi, è in breve la differenza tra esorcismo e de-possessione. Sicuramente, è un argomento che merita di essere trattato molto più lungo. Il mio obiettivo qui è stato di chiarire la differenza tra i due, così che possiate capire non solo l'efficacia dell'aspetto umano della de-possessione, ma come essa sia anche di gran lunga un'espressione più fedele della nostra emergente nuova comprensione umana e spirituale.

Capitolo VI

Il Periodo Successivo e l'Integrazione

L'Alba di una Nuova Era

Dopo la de-possessione, la persona potrebbe sembrare una nazione che ha vissuto sotto il comando di un dittatore. Quando viene finalmente spodestato il dittatore, c'è un rilascio iniziale di libertà, ma ci può volere del tempo prima che la persona la senta veramente e impari a gestirla. Allo stesso modo, questa persona, non essendo più sotto l'influenza insidiosa dello spirito invasore, può raggiungere una nuova libertà, sentendo però allo stesso tempo una specie di mancanza interna. È del tutto comprensibile perché l'influenza, per quanto negativa potesse essere, è stata un punto di riferimento psicologico nella vita della persona, e il cui ruolo potrebbe essere non così chiaro. In questo capitolo vedremo la de-possessione come alba di una nuova era ricca di nuove possibilità.

Benefici a Breve e Lungo Termine

Nell'ultimo capitolo ho condiviso alcuni degli effetti immediati della de-possessione. Ora vorrei parlare di cosa potrebbero sentire le persone nelle settimane e nei mesi a seguire. L'effetto immediato più comune è che la persona sia più cosciente di come le sue azioni influiscano sulla sua vita. Le abitudini distruttive, i pensieri e i sentimenti negativi che hanno assecondato, vagamente coscienti o, se pur consapevolizzati, vissuti senza avere la capacità di resistere loro, ora diventano spunti di scelta e intenzione. Queste abitudini, ovviamente, non scompaiono magicamente con l'assenza dello spirito invasore. Quindi, con la sua nuova integrità, la persona ha una chiara opportunità di esercitare la propria volontà in aree in cui prima veniva continuamente sfidata, o addirittura soggiogata, dalla volontà dello spirito invasore.

Un buon esempio è la giovane donna ossessionata dal soldato morto fumando una sigaretta. Sotto la sua influenza, "fumava come una ciminiera" spinta da quello che in lei sembrava un impulso nervoso. Ora era libera dall'influenza del soldato ma la nicotina nel suo corpo, le abitudini motorie, e la dipendenza psicologica dal fumo, continuavano a esercitare una forte pressione su di lei. Adesso, ogni volta che cercava una sigaretta, "la battaglia tra il sì e il no" veniva combattuta su un terreno completamente diverso. E senza gli incitamenti invisibili del giovane soldato, era in grado smorzare e diminuire sostanzialmente questa ossessione debilitante.

Questo stesso principio si estende agli ambiti psicologici e sociali. Prendiamo l'esempio di un alcolista il cui bere esprime il desiderio di uno spirito invasore. Come il fumatore che cerca le sigarette, anche l'alcolista dovrà combattere l'abitudine di prendere la bottiglia. E, quando riuscirà a non bere, ci sarà un prezzo da pagare, vale a dire le sensazioni biochimiche conflittuali che si provano quando si contrasta una dipendenza. Questa lotta, ovviamente, non si ferma solo all'azione di prendere la bottiglia o no. Penetra a fondo nella psicologia toccando questioni relazionali e di responsabilità che solitamente vengono accentuate dalla dipendenza. Come molti alcolisti in ripresa, avrà bisogno di trovare una nuova posizione nelle sue relazioni al lavoro, con i colleghi, gli amici e la famiglia. La cosa diversa, però, sarà che la causa principale dell'alcolismo non c'è più, lasciando da affrontare solo i problemi "secondari", per così dire.

Per altri, i benefici a breve termine non saranno difficili o conflittuali. Una persona soggetta ad attacchi di rabbia incontrollabili potrebbe scoprire che questa rabbia scompare semplicemente. Una persona cronicamente ansiosa potrebbe sentire che l'ansia è sorprendentemente diminuita. Problemi fisici come mal di testa, pressione sul petto, cattiva digestione, potrebbero semplicemente scomparire.

Potrebbero esserci altri benefici a breve termine, le cui radici risiedono nella psiche, che non hanno una spiegazione lineare. Nella guarigione della psiche umana, il rilascio di una tensione può scatenare il rilascio di altre tensioni o memorie significative. La capacità di guarire ha una struttura fantastica, e agisce in modi che non si possono capire con la logica.

Venne da me una cliente che lamentava diversi problemi. Anche se aveva un rapporto forte e problematico con sua madre, questo non sembrava il problema; non l'aveva nemmeno citato. Due settimane successive alla de-possessione, fece un sogno, anche se lei disse che "era più un'esperienza reale che un sogno". In questa esperienza, "mi sono trovata insieme a mia madre, ma eravamo due menti; non potevamo vederci fisicamente. C'era un baratro in mezzo a noi, ed era assolutamente incolmabile, né con le parole, né con i sentimenti o i pensieri, e sicuramente non con il tatto. L'assolutezza di questo abisso tra di noi mi immergeva in un dolore inenarrabile. Mi sono svegliata dal sogno sentendomi vuota, un sentimento che ha persistito per gran parte del giorno successivo."

Il sogno della cliente, ovviamente, avrebbe potuto essere una metafora per la rottura del legame psichico innaturale che aveva con sua madre. Sentì subito che l'intensità del legame era legata alla de-possessione. E aveva ragione, perché avevo visto che il suo campo energetico era stato invaso dalla stessa madre quando lei era ancora nell'utero. Tutta la sua vita era stata una lotta continua dovendo condividere le sue energie vitali con lo spirito intrusivo. Per fortuna si è fidata del fatto che dal terreno arido della sua vuotezza avrebbero potuto crescere freschi germogli verdi di Vita. Ed è stato proprio così, come è stato per molti clienti. Sono sempre così stupito dalla capacità di ripresa e di guarigione dell'anima umana, che, come una pianta appassita quasi sul punto di morte, può crescere di nuovo tornando verde e rigogliosa.

I benefici a lungo termine della de-possessione sono difficili da tratteggiare con chiarezza, dato che si intrecciano inevitabilmente a molte variabili nella vita delle persone. Quando affrontiamo la causa spirituale di una sofferenza fisica, ad esempio, possiamo produrre una guarigione che non può essere compresa se scorporata dal resto. Prendiamo, ad esempio, lo stato fisico di un tossicodipendente. Come risultato della de-possessione, questa persona potrebbe sentire una evidente influenza guaritrice sulla sua salute, sulle emozioni e sulle relazioni. Se c'è stata, però, una degenerazione dei suoi organi, questa potrebbe essere irreversibile e soggetta a molti altri fattori non legati all'assenza dello spirito invasore.

✦

Guardare Avanti, non Indietro

Dopo la de-possessione è importante che la persona volti pagina e inizi un nuovo capitolo della sua vita. Sottolineo questo punto perché i clienti a volte vogliono interpretare l'evento, spesso inutilmente.

"Come l'ho attirato? Di chi è la colpa? Com'era questa persona che ha vissuto nel mio corpo? Quali erano le dinamiche della nostra relazione?" Anche se capisco queste preoccupazioni naturali, chiedo ai miei clienti di abbandonare qualsiasi storia personale che sono tentati di creare sulla loro situazione. Lo dico prima di tutto perché potrebbero creare una storia che non è né costruttiva né veritiera. E, in secondo luogo, perché potrebbero rafforzare una convinzione radicata di se stessi che non servirebbe a niente. È per questo motivo che di solito non riporto al cliente tutti i dettagli specifici che ho imparato sullo spirito invasore durante il nostro dialogo.

Ovviamente, la de-possessione annuncia anche una nuova fase di guarigione per il cliente, una fase che potrebbe richiedere vigilanza, azioni decise e cura emozionale. E, in questa fase successiva, sto vicino al cliente, pronto ad assisterlo in ogni modo possibile, per tutto il tempo necessario. La possessione ha influito sui miei clienti in diversi modi. In uno poteva essere un fardello opprimente contro cui lottava coraggiosamente mentre viveva una vita normale esteriormente. In un altro poteva essere una sofferenza potente che rovinava la qualità della sua vita. Quindi anche i percorsi di vita di diverse persone differiranno dopo la de-possessione, ma quello che hanno in comune è una nuova possibilità di crescita spirituale.

Anche senza la de-possessione, sappiamo che la crescita comporta la perdita di modelli vecchi, l'ampliamento della coscienza di sé e l'integrazione di risorse interne nuove o tralasciate. Nessuna di queste cose è facile o automatica, e richiedono tutte un impegno preciso da parte del cliente. E, in ogni caso, quando viene spazzata via la foschia da una vita vissuta sotto l'ombra di un ospite indesiderato, il sole può brillare nuovamente sulla vita del cliente.

Perché succeda, il cliente deve lasciare completamente l'idea di "sfortuna" che pensa che la vita gli abbia assegnato. Rimuginare sulla "sfortuna" è un buon modo di sabotare gli sforzi per farla diventare "fortuna". Anche con le nuove opportunità, offerte dall'assenza dello spirito possedente, il passato può esercitare una risacca notevole che potrebbe rilevarsi difficile da fronteggiare.

Hermann Hesse osservò acutamente che tendiamo a fare filosofia dalle nostre debolezze. Per questo consiglierei a chiunque si sia sottoposto a una de-possessione di fare il bilancio delle sue convinzioni negative. È difficile, ovviamente, dire quali di queste convinzioni nascano direttamente dalla possessione, ma non importa: questa è una grande opportunità di fare un grande balzo in avanti in tutta la psicologia della persona, non solo nell'angolo oscuro chiamato "possessione".

Quindi il compito è integrare il nuovo materiale psicologico ed emotivo che emerge dall'assenza dell'influenza funesta dell'anima vagante intrusiva. Molte persone che si sono sottoposte alla de-possessione hanno già vissuto profondi cambiamenti psicologici nelle loro vite. Dopo la de-possessione, potrebbero vivere una gradevole nuova fase in forma molto intensa. Altri, che conoscono meno il terreno della crescita e dello sconvolgimento interno, vorranno avvalersi di nuove risorse per aiutarsi. Dato che le persone arrivano alla guarigione sciamanica da background ed esperienze diverse, cercheranno aiuto a seconda dei loro bisogni interni e delle loro intuizioni.

Le Persone che Sono State De-Possedute Possono Essere Invase Nuovamente?

La risposta veloce è "sì". A meno che la persona non risolva la perdita di potere che l'aveva resa vulnerabile inizialmente, è assolutamente possibile che diventi ospitante di un altro spirito errante. Anche se la de-possessione offre davvero un'opportunità di svolta, nella vera crescita non esistono "pallottole d'argento". Se le radici della perdita di potere non vengono affrontate, l'opportunità portata dalla de-possessione può dissiparsi. E se succede, la persona può diventare di nuovo vulnerabile a un'invasione. Ed è per questo che è così importante un seguito con la guarigione sciamanica.

✦

Il Seguito della Guarigione Sciamanica

Dopo la de-possessione, la persona può sicuramente tornare alle risorse di guarigione che aveva coltivato e che l'aveva aiutato in passato. Questo può spaziare dalle pratiche religiose alle preghiere, allo yoga e ad altre pratiche di meditazione, alla consapevolezza psicologica alimentata attraverso vari sistemi e prospettive. Per molti la crescita prende un cammino ibrido, in cui si possono unire lavori di guarigione presi da diverse fonti eclettiche, ascoltando sempre la propria voce interiore.

È importante ricordarsi che la possessione non sarebbe mai stata possibile se non ci fosse stata una perdita di potere. Anche una de-possessione riuscita lascia comunque la persona con la stessa debolezza che aveva prima della possessione. Questo è il motivo per cui un recupero dell'anima e/o estrazioni aggiuntive devono solitamente accompagnare la de-possessione, che è comunque solo uno degli aspetti specifici della guarigione sciamanica. Raccomando anche caldamente determinate cure sciamaniche apposite per affrontare i bisogni specifici di una persona dopo la de-possessione. Sono pratiche di guarigione e crescita che possono essere insegnate o guidate da un praticante sciamanico e portano frutti nell'ambito del lavoro sull'anima specifica di una persona. L'obiettivo di questa pratica sciamanica è di rendere autentico il contatto con le radici della propria anima e di allineare il proprio cammino con l'obiettivo che quest'anima aveva nel venire al mondo.

A questo proposito, lo sciamano non è un guru o una figura religiosa, e viene rispettato solo per la sua conoscenza, intuizione e per l'alleanza che ha trovato negli Spiriti Compassionevoli. In questo senso, il cammino sciamanico è abbastanza compatibile con qualsiasi altro cammino religioso o psicologico, anche se i suoi contributi sono unici. Dopo aver fatto una de-possessione a una persona che non conosce lo sciamanesimo, le suggerisco di imparare di più sulla guarigione sciamanica e, più avanti, di praticare da sola. Questo seguito può avere diverse forme.

La pratica base è il viaggio sciamanico nella realtà non ordinaria, che può essere fatto da quasi chiunque. Anche se uno sciamano esperto compie dei viaggi molto specifici per ottenere la diagnosi, per le de-possessioni, per rimuovere intrusioni, e recuperare parti di anima perdute attraverso il recupero dell'anima, questi richiedono un addestramento specifico. Detto questo, quasi chiunque ha la capacità di viaggiare nella realtà non ordinaria dove si può accedere a informazioni utili e rivelazioni, vivere esperienze edificanti e guarigioni, e stabilire un rapporto personale con Animali di Potere e Spiriti Guida. I benefici che si possono ricevere sono infiniti. Si può ricevere assistenza spirituale, intuizioni sulle sfide che si affrontano sul lavoro, sulla salute, sulle relazioni, guarigioni personali e una nuova comprensione del mondo.

Quindi, mentre lo sciamano può dare sollievo in una situazione critica, c'è un mondo meraviglioso di sviluppo autonomo che si può esplorare da soli. Anche su questo argomento Sandra Ingerman ha scritto un libro introduttivo intitolato Il Viaggio Sciamanico che descrive i diversi benefici che si possono ricevere dai viaggi sciamanici. Attraverso il viaggio, si può sviluppare il proprio canto dell'anima e formare una connessione autentica con lo Spirito che può dare un aiuto grandissimo nel preservare e ampliare i passi già fatti. Per chiunque sia interessato ad esplorare lo Sciamanesimo, suggerisco i seminari, coinvolgenti e pratici, proposti dall'Accademia "Visione Sciamanica" di cui sono il fondatore insieme a Rachele Giancaspro. Potrete trovare informazioni approfondite sul nostro sito: www.visionesciamanica.it
Lo scopo della nostra accademia è di formare autentici sciamani praticanti in Italia e ovunque in Europa.

I Cerchi Sciamanici

Un altro modo di sostenere il processo di guarigione è partecipare a un cerchio sciamanico. Un cerchio sciamanico è una comunità di persone che seguono studi sciamanici e praticano insieme, possibilmente sotto la guida di uno sciamano esperto. Condividendo esperienze con persone che hanno la stessa disposizione mentale, si possono imparare le varietà e le possibilità delle pratiche sciamaniche molto più facilmente che facendolo da soli. Può essere anche una fonte ottimale di ispirazione, dato che si è esposti a influenze ed esperienze che non vengono da un insegnamento orale o in forma esterna, ma da fonti profonde di esperienza spirituale che è il diritto di nascita di ogni essere umano. Come conduttore di cerchi sciamanici sono stato felice di vedere membri del cerchio affondare nuove radici nelle profondità del loro essere, e sono stato partecipe della buona volontà e dell'amicizia che sempre ne deriva. In tutto questo c'è anche un grande appagamento nel sapere che i nostri bisogni sinceri sono nelle mani dello Spirito che lavora con e a fianco a noi.

Non Tutti i Mali Vengono per Nuocere

La guarigione di sofferenze ha il suo significato più vero nel movimento più ampio dell'anima, lungo panorami senza tempo. Da questo punto di vista, le nostre fasi di sofferenza e guarigione assumono un significato molto diverso da quelle che immaginiamo normalmente. Ovviamente, condividere con uno spirito invasore un'energia che va esaurendosi, può compromettere la vita di una persona molto e dolorosamente. Questo evento sfortunato, però, può determinare aree personali in cui si può forgiare il carattere e il destino spirituale in questa vita. Come scrisse Shakespeare: "Sono dolci i vantaggi dell'avversità"[1]. Malattie, dipendenze o sfide emozionali possono creare mezzi che forzano la persona a sviluppare qualità positive come la perseveranza, la speranza, la fiducia e non attaccamenti al mondo materiale.

Non c'è una forma di lotta o sofferenza la cui durata e trasformazi-

---

1 Da Come Vi Piace di William Shakespeare, Atto Secondo, Scena Prima.

one non possano servire positivamente alla nostra crescita. Lo psico-terapeuta Carl Jung lo descrive come "culpa felix", che in latino significa "colpa felice": un evento apparentemente negativo il cui frutto è spiritualmente positivo. Anche se essere "posseduto", è un'esperienza sicuramente difficile, ho costatato che serve a molti come impulso per lo sviluppo e l'acquisizione di un saldo timone spirituale.

Alla fine, la nostra vita è quello che è, che sia sana o di successo, malata o limitata, o qualsiasi sfumatura in mezzo. In qualsiasi circostanza ci troviamo, ci siamo per un motivo. È quindi necessario che ognuno di noi esplori "perché sono qui" e si ricordi chi è veramente: uno spirito che ha deciso di venire in questo stato fisico per vivere gioia, bellezza e tutti gli aspetti evolutivi di questa creazione stupenda, ma anche per vivere tragedie, dolore, e l'infinita tristezza della condizione umana. Ed è proprio questo mix che ci permette di crescere, di capire, e di sviluppare una compassione amorevole per ogni elemento del creato e per la Madre Terra che è la nostra casa.

Capitolo VII

De-Possessione Sciamanica:
Un Resoconto in Prima Persona

Questo è un resoconto di una de-possessione, scritto da un mio cliente che preferisce rimanere anonimo e che si è offerto cortesemente di condividere la sua esperienza in questo libro. Mi piace perché dà un volto umano alle tematiche che ho presentato in questo libro.

✦

Avevo un Problema Vero

Anche se me la sono sempre cavata, ho sempre avuto chiaramente un approccio debole alla vita. Durante l'adolescenza ho fatto uso eccessivo di droghe. Quando avevo vent'anni avevo un disturbo alimentare, a trenta soffrivo di stanchezza cronica e a quaranta ho avuto un tumore. A cinquanta la mia salute era a posto, ma mi trovavo spesso a scoppiare a piangere, qui, là, ovunque. Avevo anche incubi orrendi, anno dopo anno. C'era qualcosa di sbagliato in me.

✦

Lo Sciamanesimo non Faceva per Me... O Così Credevo

Sull'orlo della disperazione, andai da una medium per la prima e ultima volta nella mia vita. Mi disse molte cose piene di intuizioni notevoli e le mise in una visuale più ampia e stimolante. Nei giorni a seguire però, l'unica cosa che mi disse, che mi è rimase impressa, fu il termine "recupero dell'anima". Non riuscivo nemmeno a ricordarmi il contesto, però, e non mi aveva detto che era un termine sciamanico. Mi ritrovai per due mesi a rimuginare su queste due parole e alla fine le lanciai su Google. E questo, a sua volta, mi portò a cercare uno sciamano. Volevo trovare qualcuno che potesse fare questa guarigione con un nome così bello.

Fino ad allora, non avevo mai sentito alcuna attrazione verso lo sciamanesimo. Tutti quei tamburi, quei sonagli e quelle piume mi sembravano primitivi. E la mia idea di spiritualità non comprendeva spiriti di animali e cose simili. Nel complesso, avevo un atteggiamento abbastanza sprezzante nei suoi confronti. Ma sentendomi bloccato in un angolo, ero pronto a provare qualcosa di diverso.

Questo nuovo desiderio di trovare uno sciamano, strano persino per me, mi portò a chiamare Peter.

Un Primo Contatto Promettente

Non mi piace il telefono per questioni personali. Ma mi feci forza, chiamai Peter e mi ritrovai a raccontargli tutto. Con mio grande sollievo, sembrava "ascoltarmi" esattamente come volevo. Non ascoltava solo attentamente, ma mi disse anche molte cose che mi fecero calmare. E, dato che mi ero fidato di Peter al telefono, ero pronto a fidarmi dello sciamanesimo.

Non avevo letto molto sullo sciamanesimo e Peter non aveva ancora un suo sito internet. Non sapevo allora che, andando alla cieca, avevo trovato uno sciamano con decenni di esperienza che aveva studiato con due leader della rinascita moderna dello sciamanesimo, Michael Harner e Sandra Ingerman. Avevo trovato quello giusto.

Incontro con Peter

La fiducia che avevo provato al telefono crebbe quando finalmente conobbi Peter. Mi trovai davanti una persona cordiale e semplice, che aveva un certo qualcosa che mi mise immediatamente a mio agio. Più tardi, lavorando insieme, scoprii che, pur offrendomi tutta la "compassione" di cui avevo bisogno, era anche molto diretto e professionale. Per farla breve, era proprio come un medico o un terapista.

✦

La Mia Guarigione

Peter viveva in una bellissima casa e il suo studio aveva finestre che davano su montagne distanti. Insieme a una varietà di tamburi dei nativi americani, sonagli e quadri, c'erano tre statue in bronzo molto dettagliate. Una era un'aquila, una un falco e una un gufo. La stanza era dedicata al suo lavoro e come avevo già provato prima con alcuni massaggiatori, l'energia era così amplificata che sapevo di essere entrato in un ambiente completamente diverso.

Ci siamo sedemmo uno di fronte all'altro e riprendemmo da dove avevamo lasciato con la conversazione telefonica. Raccontai altro della mia storia, mentre lui mi faceva domande. Era bellissimo parlare finalmente delle mie sofferenze.

Quando finii, Peter ha bruciò un po' di salvia selvatica in una grande conchiglia, mi ha circondò con il fumo e recitò preghiere e invocazioni per la mia guarigione. Oggigiorno non ci sono molte persone che dicono preghiere o invocano l'aiuto spirituale ad alta voce e fui colpito dalla sincerità con cui lui lo faceva. Era un uomo che parlava con il cuore e sembrava sicuro di essere ascoltato.

"Mi piacerebbe rivederti tra quattro o cinque giorni" mi disse quando finì.

Ero deluso perché non avevamo fatto il mio recupero dell'anima, qualsiasi cosa fosse. Ma acconsentii subito a tornare, anche se significava quattro ore di macchina e un giorno in meno di lavoro pagato.

✦ ✦ ✦

Tornando quattro giorni dopo, ero molto confuso. Dopo giorni di anticipazione, fui attaccato all'improvviso da pensieri negativi. "Cosa stai facendo?!" pensavo, "Chi è questo? Hai idea di cosa ti potrebbe fare? Torna indietro! Torna indietro! Perché ti stai mettendo in questa situazione? Vai a casa. VAI SUBITO A CASA!"

Conosco la mia mente abbastanza bene e l'insistenza di questi pensieri era strana e allarmante. Dovetti tapparmi le orecchie, tenere fermo il volante e il piede sull'acceleratore e proseguire sentendomi molto stressato.

Ce la feci. Ma sedendomi di nuovo di fronte a Peter, le mie emozioni furono a stento sotto controllo. Parlammo ancora un po' delle mie sofferenze ma, mentre al telefono e durante la prima sessione mi aveva dato tutta la libertà, questa volta era lui ad avere le redini del discorso. Mi fece domande molto specifiche su quello di cui soffrivo e su come mi sentivo a riguardo. E analizzava le mie risposte molto attentamente; non "ascoltava" soltanto. Ogni volta che descrivevo la mia situazione con negatività o con un giudizio, mi convinceva a riformularla in modo più positivo. Finii per rielaborare la storia della mia vita in modo che fosse meno personale e meno negativa. Percepii che non stava parlando con me come aveva fatto la prima volta. Mi sentivo come se stessimo recitando un copione che aveva qualche tipo di obiettivo di cui non ero informato.

A un certo punto iniziai a sentire come se la stanza non avesse più un soffitto, come se si aprisse in uno spazio infinito. Vidi che mentre Peter mi parlava, era anche impegnato da un'altra parte, una percezione che avevo già avuto con persone che entravano in spazi interiori più profondi.

Le cose successero molto in fretta, in una sequenza che non riesco a ricordare bene. Mi ricordo che il mio stato emotivo stava diventando insopportabile. Ricordo che Peter mi guidò su un materassino sul pavimento per fare una guarigione, durante cui ebbi una catarsi emotiva che mi invase completamente, e intendo completamente. Lacrime calde e disperate sgorgarono da dentro me, ondata dopo ondata, una più intensa dell'altra.

Quando quest'esplosione di emozioni sembrava finita, non fu seguita né da calma né da sollievo, perché non aveva fatto in tempo a passare quest'emozione che un'altra completamente diversa prese il suo posto.

Frasi di rabbia vennero da dentro me mentre picchiavo il pavimento con i pugni.

"Non ho mai vissuto!" urlavo, e urlavo, e urlavo. "Non ho mai vissuto", dicevo con una strana forza e certezza. Non avevo mai detto niente nella mia vita con una sicurezza del genere, che sembrava venire dalle mie ossa.

Dopo quello che mi è sembrato molto tempo, la tempesta si placò. Aprii gli occhi. Le sculture dell'aquila e del gufo incombevano su di me.

Fu allora che mi ha disse di quest'esperienza, mi ha rivelò che il mio corpo era stato abitato da un'entità che si era nutrita delle mie energie per tutta la mia vita. Lui aveva persuaso quest'entità ad andare oltre. Ora non c'era più. Ero libero. Avvenne tutto quando sentii lo spazio aprirsi e l'entità parlare con Peter usando la mia voce. Venne fuori anche che Peter, nel suo viaggio per conto mio, aveva ricevuto l'indicazione dallo Spirito di fare un recupero dell'anima. E questo era quello che era successo sul materassino ed è stato quello che mi aveva riempito di quell'energia e quei sentimenti così potenti.

Quindi, non avevo solo ricevuto il recupero dell'anima per cui ero venuto, ero anche stato de-posseduto!

🦅

Passi successivi

Vedevo il mio compagno di vita, l'entità? No. Dopotutto, è per questo che esistono gli sciamani! Percepivo questo "compagno"? No, ma anche se non sospettavo un'invasione spirituale di questo tipo, sapevo intuitivamente che qualche tipo di forza stava affievolendo la mia energia. E considerando la mia esperienza prima di questa sessione e durante, per non citare la guarigione profonda avvenuta dopo, è stato facile accettare cos'era successo.

Ero pieno di domande. Chi si era nutrito della mia energia per tutti questi anni? Era un uomo o una donna? Com'era fatto/a? Bramavo i dettagli che avrebbero spiegano molti dei lati infelici della mia vita. Li, però, il mio sciamano compassionevole issò un muro. "Vai avanti" mi disse. "Dimenticatene. È andato via. Vai a goderti la vita."

Ebbi poi una serie di sessioni seguenti con Peter, in cui mi insegnò a viaggiare. Sia con Peter, sia da solo, a casa, ebbi tantissime esperienze di guarigione forti e magiche come la prima. Sperimentai la realtà degli Animali di Potere, che è qualcosa a cui non avevo mai neppure ipotizzato prima, insieme all'evidente potere guaritore dello Spirito. Da quel periodo di guarigione intensa, la mia vita è diventata un piccolo miracolo, infatti la forza vitale che mi era stata negata per tutta la vita mi sta arrivando. Lo sto vivendo nelle mie ossa, nella mia colonna, e nel mio senso energetico di me.

Nelle culture indigene, lo sciamano fa spesso quasi da psicologo e da ministro del culto. Nei tre anni da quando l'ho conosciuto, sono stato spesso grato per la conoscenza che Peter ha condiviso con me. Ho avuto momenti disperati in cui la sua presenza rassicurante al telefono è stata una manna dal cielo e non ho mai sentito il minimo abbassamento nel suo impegno con me. Il nostro rapporto è stato profondamente umano fin dall'inizio.

Tre anni fa non avrei potuto scrivere queste parole.

E sarei anche stato scettico se le avessi lette.

Grazie a Dio possiamo superare i nostri limiti e trovare il Bene che vogliamo e meritiamo.

Fonti per Approfondimenti

Ecco una lista di alcuni dei miei libri preferiti sia sullo sciamanesimo sia su idee relative alla visione sciamanica del mondo. Ci sono innumerevoli libri che vorrei citare, ma prendiamo questo come un buon punto di partenza.

I libri sono un modo meraviglioso di comunicare e vorrei ricordare ai miei lettori che la vera rivelazione sciamanica viene dal contatto diretto con i vostri Spiriti Aiutanti compassionevoli e i vostri Alleati sempre presenti. In breve, i libri sono un trampolino di lancio per un'esperienza in prima persona che tutti possono sperimentare.

★ ★ ★

Essential Sacred Writings from Around the World
Mircea Eliade e Harper, San Francisco
Raccolta di testi sacri riuniti dal famoso pioniere che introdusse le tradizioni sciamaniche in tutto il mondo a uomini e donne moderne.

La Via dello Sciamano[1]
Michael Harner e Harper, San Francisco
Questo classico moderno, scritto dal fondatore della Foundation for Shamanic Studies, combina il rigore di un ricercatore con l'esperienza in prima persona di tradizioni sciamaniche nello spiegare il cuore essenziale della pratica sciamanica.

---

1   NTD: Titolo originale The Way of the Shaman.

La Caverna e il Cosmo: Incontri Sciamanici con un'Altra Realtà[2]
Michael Harner
Attingendo da una vita di esperienze sciamaniche personali e
più di 2500 resoconti di esperienze occidentali durante viaggi
sciamanici, Harner sottolinea le similitudini impressionanti delle loro
scoperte che indicano che i paradisi e gli spiriti incontrati esistono
davvero. Fornisce anche istruzioni sulle sue tecniche innovative di
sciamanesimo transculturale così che i lettori possano salire ai regni
celesti, cercare spiriti guida, e tornare poi, quando vogliono, per
guarigioni e consigli.

The Encyclopedia of Shamanism
Vols. 1 & 2, Christina Pratt - The Rosen Publishing Group, New York
In quanto enciclopedia, questi libri sono ovviamente abbastanza
asciutti, ma sono piedi di informazioni utili su una vasta gamma
di argomenti. E, soprattutto, ci sono molti riferimenti incrociati in
grassetto che invogliano a saltare da un argomento all'altro facilmente.

Il Recupero dell'Anima[3]
Sandra Ingerman
Una magnifica introduzione alla teoria e alla pratica del recupero
dell'anima, piena di resoconti personali e scritta col cuore.

Il Viaggio Sciamanico[4]
Sandra Ingerman
Un'altra magnifica introduzione, questa volta sulla pratica del
viaggio, la pratica base dello sciamanesimo che apre le porte alla
realtà non ordinaria.

Medicina per la Terra[5]
Sandra Ingerman
Meglio conosciuta per i suoi insegnamenti sciamanici, Sandra

---

2 NTD: Titolo originale: Cave and Cosmos – Shamanic Encounters with Another
   Reality.
3 NTD: Titolo originale: Soul Retrieval
4 NTD: Titolo originale: Shamanic Journeying
5 NTD: Titolo orginale: Medicine for the Earth

Ingerman qui combina la sua profonda comprensione dell'ecologia con la pratica sciamanica per aiutarci a vedere come la spiritualità possa essere portata a sostenere in modo pratico il mondo naturale.

Weather Shamanism
Nan Moss e David Corbin - Inner Traditions/Bear & Co.
Nel mondo di oggi delle previsioni meteo computerizzate, questo è uno sguardo rivelatore alla varietà degli esseri, angeli, spiriti e aiutanti del tempo reali ma parte invisibile del tempo atmosferico che viviamo giornalmente.

Soul Rescuers
Terry e Natalia O'Sullivan - Thorsons
Uno sguardo in profondità verso le diverse questioni trattate in questo libro come l'al di là, la reincarnazione, e le realtà sciamaniche in diverse tradizioni culturali.

Il Libro degli Spiriti[6]
Alan Kardec
Kardec fu uno scienziato francese del 19° secolo che sistematizzò quello che è conosciuto come Spiritismo. Una considerazione matura su argomenti importanti come l'immortalità dell'anima, la natura degli spiriti e la loro relazione con i viventi, la legge morale e molto altro.

The Dreamer's Book of the Dead
Robert Moss
Un libro che ci porta oltre la nostra visione unanime della realtà esplorando come i morti comunichino con noi attraverso i sogni. Basato su un lavoro di ricerca enorme che ci porta nelle correnti più profonde della spiritualità precedente al cristianesimo.

Il Libro dei Mutamenti[7]
Questo classico dell'antica Cina rappresenta un sistema di

---

6   NTD: Titolo originale: The Spirit Book
7   NTD: Titolo originale: The I Chang

divinazione che ha ispirato non solo la filosofia e la cosmologia cinese, ma milioni di persone in tutto il mondo con la sua saggezza di "un mondo di mutamenti".

Dreamways of the Iroqouis
Rober Moss - Destiny Books
Una visione toccante e originale del ruolo dei sogni tra gli Iroquois basata sulle rivelazioni in prima persona dell'autore. E soprattutto condivide come questa conoscenza ci possa servire oggi proprio come è servita ai nativi americani da tempo immemore.

Lakota Belief and Ritual
Raymond J. DeMallie e Elane A. Jahner - University of Nebraska Press
Sono presenti racconti dei santoni Lakota tradotti letteralmente senza analisi. Quindi riceviamo un "sentimento" diretto della spiritualità Lakota che è molto diverso dai commenti degli estranei, anche dei meglio intenzionati.

Shaman Healer Sage
Alberto Villoldo - Harmony Books
Una fantastica introduzione allo sciamanesimo grazie alla profonda comprensione e abilità di spiegare pratiche apparentemente mistiche e magiche in modo da renderle comprensibili a chi verte verso altre forme di spiritualità.

I Quattro Accordi[8]
Don Miguel Ruiz
Questo libretto breve di uno sciamano tolteco moderno è diventato un best seller internazionale, perché parla semplicemente, e con il cuore, di un approccio alla vita saggio e morale.

Destiny of Souls
Michael Newton - Llewellyn Publications
Uno psicoterapeuta dà uno sguardo molto dettagliato alla vita dell'anima nelle sue diverse fasi: prima, durante e dopo la vita attuale e la sua relazione con lo spirito del mondo.

---

8   NTD: Titolo originale: Los Cuatros Acuerdos

Una Sedia per l'Anima[9]
Gary Zukav
Un'esplorazione sfaccettata su come sia possibile spostarci dai confini dei nostri cinque sensi per avere l'esperienza di uno spirito multisensoriale in un corpo.

The Farther Reaches of Human Nature
A.H. Maslow - An Esalen Book
Una considerazione onesta e indagatrice su cosa significhi essere umani e cosa significhi andare oltre I limiti psicologici che abbiamo accettato semplicemente come "fatti della vita".

La Terra del Rimorso
Ernesto De Martino
Scritto dal pioniere dell'etnopsichiatria, è uno studio sul "tarantismo", una forma specializzata di possessione conosciuta nel meridione italiano. Mi piace il modo in cui questo libro inquadra la realtà sciamanica di una pratica che potrebbe essere tranquillamente ignorata considerandola una superstizione irrazionale.

Fools Crow: Saggezza e Potere[10]
Thomas E. Mails
Le parole e la saggezza di un importante santone dei Sioux che morì nel 1989 all'età di novantanove anni. Un classico della spiritualità nativo americana che parla direttamente con il cuore.

Alce Nero Parla[11]
John G. Neihardt
Un ritratto inclusivo del grande uomo sacro dei Lakota la cui saggezza e compassione arrivano con forza sorprendente.

Il Potere del Mito[12]
Joseph Campbell
Un'introduzione molto accessibile all'esplorazione di Campbell,

---

9   NTD: Titolo originale: The Seat of the Soul
10 NTD: Titolo originale: Fools Crow – Wisdom and Power
11 NTD: Titolo originale: Black Elk Speaks
12 NTD: Titolo originale: The Power of Myth

durata tutta la vita, su quanto i miti sono stati al servizio dell'umanità e possono aiutare ognuno di noi nei nostri viaggi individuali.

Historical Atlas of World Mythology
Volumes 1 & 2, Joseph Campbell
Come implica il titolo, un compendio di informazioni sulla mitologia e una grande risorsa per chiunque sia coinvolto nella pratica sciamanica o nel lavoro sui sogni.

The Unquiet Dead – A Psychologist Treats Spirit Possession
Dr. Edith Fiore
Un fantastico libro sulla sua esperienza come psicologa e terapeuta delle vite passate che scopre e cura l'attaccamento degli spiriti.

Satana e i Suoi Angeli [13]
Elaine Pagels
Scritto dall'autrice popolare e acclamata dalla critica dei vangeli gnostici, è un'interpretazione drammatica del ruolo di Satana nella tradizione cristiana. Con una conoscenza accademica profonda abbinata a una fantastica narrazione, esplora il lato oscuro della cristianità in cui il vangelo dell'amore cede il passo all'odio irrazionale che continua a perseguitare sia i cristiani che i non-cristiani.

✷ ✷ ✷

Siti Internet Consigliati

www.shamanswisdom.org: questo è il sito della mia pratica personale come praticante sciamanico.

www.visionesciamanica.it: il sito degli studi sciamanici condotti da me e da colleghi italiani.

---

13 NTD: Titolo originale: The Origin of Satan

www.shamanism.org: il sito della Foundation for Shamanic Studies, dove ho studiato.

www.sandraingerman.com: il sito di Sandra Ingerman, sciamana e collega di cui ho raccomandato i libri di cui sopra.

www.betsybergstrom.com: il sito di Betsy Bergstrom, la sciamana che ho citato nel Capitolo 1 che fornisce una bella spiegazione per il "rapporto" tra ospitante e l'invisibile influenza fantasma.

www.traditioninaction.org: il sito dove si possono trovare le liturgie usate nei riti dell'esorcismo della Chiesa Cattolica.

www.ingramcontent.com/pod-product-compliance
Lightning Source LLC
LaVergne TN
LVHW021524080426
835509LV00018B/2653